AKTIEN

FÜR EINSTEIGER

Das 1x1 der Geldanlage in Aktien & ETF. Schritt für Schritt zum erfolgreichen Investor an der Börse werden – Intelligent investieren, Geld sparen und passives Einkommen erzielen!

Originale Erstauflage: August 2019

ISBN: 9781089283300

INHALT

Vorwort

Eines ist ja wahrscheinlich allen von uns gemein: Wir sehen unser Geld lieber mehr werden, als dass es weniger wird. Doch wo gelingt einem dies heute noch?

Zum Zeitpunkt dieser Zeilen sieht es so aus, als ob die Zentralbanken der Welt nach ohnehin niedrigen Zinsen die Leitzinsen wieder senken werden. In den USA sieht es so aus, als ob die Federal Reserve schon bald wieder die Zinsen senken wird. Die Europäische Zentralbank hingegen hat seit den Maßnahmen nach der Finanzkrise 2009 die Zinsen nie wieder angehoben und muss nun zu noch unbekannten, drastischeren Maßnahmen greifen, um die Märkte vor einer neuen Krise zu schützen. Und die australische Zentralbank hat ihren Leitzins sogar schon vor einigen Monaten gesenkt.

Daher haben auch Sie schon lange praktisch keine Zinsen mehr auf dem Sparbuch oder Tagesgeldkonto. Auch auf dem Anleihenmarkt wird es immer schwerer, noch Anleihen mit guter Bewertung und einigermaßen hohen Zinsen zu finden.

Die Bundesanleihe notiert zurzeit sogar negativ. Lediglich Institutionen wie die Riester-Rente oder ähnliche kaufen diese aber trotzdem, da ihnen keine andere Wahl bleibt. Deutschland macht also gerade damit Geld, indem es Geld verleiht. Das ist doch mal eine Geschäftsidee! Spaß bei Seite, denn auch hier sehen Sie, dass die Rechnung mit der Riester-Rente nicht aufgehen wird, wenn die Institutionen am Ende weniger Geld wiederbekommen, als sie investierten. Somit bekommen auch die Riester-Anleger wahrscheinlich kaum etwas oder das fehlende Geld wird vom Steuerzahler nachgeschossen, wodurch im Endeffekt dann jeder leiden wird.

Was also tun? Der Aktienmarkt ist einer der wenigen Märkte, auf welchen sich Geld noch vermehren lässt. Produkte wie Knock-out-

Zertifikate und Ähnliches lassen wir in diesem Buch außen vor. Mit diesen lässt sich zwar noch mehr Rendite erzielen, aber ebenso lassen sich damit auch schnell Verluste einfahren. Daher legen wir unseren Fokus auf Aktien und Produkte, welche Aktien beinhalten oder Aktienindizes abbilden (Fonds und ETFs sowie Tracker-Zertifikate).

In diesem Buch finden Sie neben grundlegenden Informationen auch Ideen zur Anlage, zur eigenen Analyse der Charts und wie Sie sich in einigen Beispielsituationen verhalten können.

Wie sehen Sie sich?

Man kann zwischen verschiedenen Anlegertypen unterscheiden. Einige wollen das schnelle Geld, andere einen kontinuierlichen Zuwachs des Vermögens.

DER SICHERHEITSORIENTIERTE ANLEGER

Dieser Anlegertyp setzt ganz darauf, sein angelegtes Kapital zu erhalten. Er tut sich schwer damit, Geld zu verlieren, und es stresst ihn sehr, wenn die Kurse an der Börse einmal ins Negative drehen. Er möchte sein erarbeitetes Vermögen am liebsten ohne Stress langsam, aber sicher vermehren. Für ihn bieten sich also Aktien von z. B. Konsum- und Versorgungsunternehmen an, da diese immer benötigt werden, aber keine neuen Hype-Technologien anbieten. Auch eignen sich breit gefächerte Fonds, welche von einem Menschen verwaltet werden, oder ETFs, mit denen er eine ganze Branche oder Region kaufen kann und somit breit diversifiziert und sein Risiko minimiert.

Auch einige Tracker-Zertifikate, welche einen Index abbilden, der sich aus mehreren Aktienkursen und Anlageklassen zusammensetzt, bieten sich für diesen Anlegertyp an. Er möchte sich nicht täglich mit der Börse beschäftigen und lieber machen lassen, als selbst aktiv werden.

Sein Investment soll ihm zwar einen Ertrag bringen, dieser muss jedoch nicht hoch sein und ein Inflationsausgleich oder etwas mehr ist ihm oft genug. Verlustrisiken will er deswegen jedoch auf gar keinen Fall in Kauf nehmen.

DER RISIKOBEWUSSTE ANLEGER

Dieser Anlegertyp beschäftigt sich mehr mit der Börse. Er sucht aktiv nach Anlageideen und liest meistens auch viel Literatur. Er weiß, dass eine höhere Rendite oft nur mit einem höheren Risiko einhergeht. Er kann durch sein Knowhow dieses Risiko jedoch relativ gut einschätzen. Große Verluste möchte auch er vermeiden, jedoch stört es ihn nicht, wenn ein Investment einmal nach hinten losgeht oder monatelang im Negativen rentiert. Er möchte sein Geld überdurchschnittlich vermehren und ist dabei auch selbst aktiv. Für ihn eignen sich einzelne chancenreiche Aktien, welche er einem diversifizierten und relativ sicheren Depot zumischt, um seine Renditechancen zu erhöhen. Auch ETFs, welche einzelne Branchen wie Technologiewerte oder Zukunftsmärkte abbilden, eignen sich zur Steigerung seiner Rendite. Sein Depot sollte jedoch noch immer einen soliden Fuß haben.

DER SPEKULATIVE ANLEGER

Ihn zeichnet aus, dass er möglichst schnell eine hohe Rendite erreichen möchte. Er investiert mit Hebelprodukten und anderen Produkten, um möglichst hohe Renditen in kurzer Zeit möglich zu machen. Normale Aktien sind für ihn fast nichts, es sei denn, es handelt sich um Highflyer, welche einen großen Hype auslösen. Eventuell sind noch ETFs etwas für ihn, welche einen Index mit einem Faktor abbilden. Sie bilden also beispielsweise bei einem Faktor von 2 die Bewegungen des Index doppelt so stark ab (positiv und negativ!). Auch wenn Verluste diesen Anleger ebenfalls schmerzen können, nimmt er sie in Kauf. Ihm sind wahrgenommene Chancen wichtiger als Sicherheit und Werterhalt. Oft sind gerade Neulinge an der Börse vom Börsenfieber erfasst und handeln nach diesem Motto. Ohne richtiges Wissen werden so jedoch fast nur Verluste gemacht und ein Gewinn hin und wieder schafft es vielleicht gerade so diese Verluste auszugleichen.

Gerade die Neulinge steigen bei Bewegungen in die falsche Richtung schnell aus, verkaufen im Minus und ärgern sich, wenn der Kurs wieder steigt und sie nicht dabei waren. Dann kaufen sie wieder und machen eventuell etwas Plus, aber nicht genug, um den Verlust sinnvoll auszugleichen. Diese Anleger beobachten die Kurse stündlich, jeden Tag. Mit sehr vielen Kenntnissen über die Börse können einige Anleger mit diesem Ansatz jedoch tatsächlich weit überdurchschnittliche Renditen erzielen.

Wahrscheinlich denken die meisten Deutschen, dass alle Anlegertypen dieser spekulative Typ sind. Und daher wollen sie nichts mit der Börse zu tun haben.

Grundlagen

Die Börse ist seit Jahrhunderten Umschlagplatz für Waren und auch für Kontrakte für Rohstoffe. Heutzutage werden jedoch neben Kontrakten für Rohstoffe auch Unternehmensanteile (also Aktien) gehandelt. Allerdings ist es in Deutschland so, dass die große Mehrheit, wenn es um die Geldanlage geht, nichts mit der Börse oder den Kapitalmärkten zu tun haben möchte. Negative Argumente wie Vergleiche der Börse mit einem Casino oder die Meinung, dass man an der Börse sowieso nur Geld verliert, machen immer wieder die Runde. Dies kommt auch daher, dass die Deutschen lieber über negative Erfahrungen sprechen und daher Themen wie Börse und Finanzen nur zu Krisenzeiten in aller Munde sind.

Wenn man sich die Daten der letzten Jahrzehnte einmal ansieht, stellt man fest, dass dies mitnichten der Fall ist. Nach Angaben der Deutschen Bundesbank lagen im Jahre 2017 Einlagen in Höhe von annähernd 2,1 Billionen Euro praktisch zinslos auf deutschen Giro- und Tagesgeldkonten herum.

Die Inflation zehrt dort das Geld langsam auf. Und dabei muss man sich gar nicht großartig und täglich mit der Börse beschäftigen, um überschüssiges Geld sinnvoll anzulegen.

Durch verschiedene Aktien, ETFs, Fonds und andere Produkte kann der Anleger sein Risiko und seinen Gewinn sehr gut ausloten und justieren. Informationen sind frei verfügbar und sogar in YouTube-Videos werden diese einfach erklärt. Mit ein wenig entsprechendem Wissen können Geldanleger aus abertausenden Finanzprodukten das zu ihrem Anlegertyp passende Investment herausfiltern. Ob Sie Aktien kaufen, in einen Fond oder ETF einmalig einsteigen oder mit einem ETF-Sparplan kleine Summen über einen langen Zeitraum investieren wollen – ein Investment an der Börse ist und bleibt in Zeiten niedriger Zinsen praktisch alternativlos.

Natürlich ist nicht jedes Investment direkt erfolgreich, aber mit ein wenig Diversifikation können Sie Ihr Risiko minimieren und von der Breite des Marktes profitieren.

BEGRIFFE

Hier ist für Sie eine Auswahl an Begriffen zusammengefasst, welche Ihnen immer wieder im Börsenleben begegnen werden.

VOLATILITÄT

Als Volatilität wird die Schwankungsbreite eines Wertpapiers angegeben. Dabei kann sie für alle Anlageklassen angegeben werden. Fur Aktien, Indizes oder auch Währungen. Vor allem institutionelle Investoren beschäftigen sich intensiv mit der Volatilität, da sie an ihr den zu erwartenden, maximalen Gewinn und Verlust abschätzen können. Dabei bedeutet eine hohe Volatilität, dass der Kurs eines Wertpapieres stark schwankt, also in kurzer Zeit relativ stark steigen, aber auch genauso gut wieder fallen kann. Eine niedrige Volatilität bedeutet im Umkehrschluss, dass die Kurse eines Wertpapieres wenig schwanken und daher sehr stabil in eine Richtung laufen. Produkte mit geringen Volatilitäten schonen also die Nerven.

Weiterhin wird zwischen einer implizierten und einer historischen Volatilität unterschieden. Die historische Volatilität wird aus den Kursverläufen der Vergangenheit berechnet. Es werden dazu die maximalen und minimalen Kursstände über einen bestimmten vergangenen Zeitraum miteinander verglichen. Daraus ergibt sich eine durchschnittliche Schwankungsbreite. Unter der implizierten Volatilität versteht man eine aktuelle, in einem Optionsscheinpreis enthaltene und vom Markt erwartete Volatilität. Dieser Wert wird zur Beurteilung des Wertes eines Optionsscheines herangezogen. Eine höhere implizierte Volatilität, welche höher als die historische Volatilität ist, bedeutet, dass der Schein eher teuer ist.

RENDITE

Als Rendite bezeichnet man den Gesamtertrag einer Anlage im Verhältnis zum angelegten Kapital. Dabei spielt es keine Rolle, ob es sich um eine Aktie, einen Fonds, ein ETF oder etwas anderes handelt. Eine Renditeangabe kann sich auf verschiedene Zeitebenen beziehen. Sehr oft werden Sie schon von der sogenannten Rendite per annum oder p. a. gehört haben. Diese Angabe bezeichnet die Rendite einer Anlage pro Jahr. Die Rendite hängt dabei von verschiedenen Faktoren ab. Diese Faktoren sind auf der einen Seite die Kosten, die durch die Anlage erstehen, also negative Faktoren:

- Gebühren beim Kauf und Verkauf
- Kosten pro Jahr für Manager und anderes
- Ausgabeaufschläge oder Verkaufsabschläge
- Weitere Gebühren

Als positive Faktoren kommen zusammen:

- Kurszuwachs
- Zinsen
- Dividenden
- Wechselkursgewinne

Die Rendite wird dabei immer in Prozent angegeben und kann nur für die Vergangenheit genau angegeben werden. Für die Zukunft ist sie eigentlich immer nur ein Schätzwert.

BAFIN

Die Bundesanstalt für Finanzdienstleistungsaufsicht. Sie leistet mit ihrer Aufsichtstätigkeit einen wichtigen Kernpunkt, um die Zahlungsfähigkeit von Kreditinstituten, Versicherern und Finanzdienstleistern sicherzustellen. Außerdem dient der Teil der Marktaufsicht dazu, faire und transparente Verhältnisse an den Märkten zu gewährleisten und die Gemeinschaft der Verbraucher zu schützen.

Dieser Schutz erstreckt sich auf alle Produkte und Finanzdienstleistungen, welche von der BaFin beaufsichtigt werden.

Zu ihren Aufgaben gehört es ebenfalls, zu verhindern, dass das Finanzsystem in irgendeiner Form zu Zwecken der Geldwäsche und der Terrorismusfinanzierung missbraucht wird.

BÄREN

Bären sind in der Börsenwelt Investoren oder Anleger, welche mit fallenden Kursen rechnen. Diese setzen mit Papieren, die bei fallenden Kursen eine positive Rendite abwerfen, auf fallende Kurse von Aktien, Währungen, Indizes et cetera. Sie sind daher auch Short am Markt investiert. Je tiefer die Kurse fallen, desto größer ist der Gewinn der Bären.

BULLEN

Bullen sind diejenigen Anleger an der Börse, welche mit steigenden Kursen der Aktien und Anlageprodukten wie Fonds, ETFs etc. rechnen. Man sagt auch, dass die Bullen Long investiert sind. Je weiter die Kurse an den Börsen steigen, desto mehr Rendite machen die Anlagen der Bullen.

EMERGING MARKETS (EM)

Die Entwicklungs- und Schwellenländer der Erde und die ehemaligen Ostblockstaaten werden heute im Allgemeinen als Emerging Markets bezeichnet. Bei diesen Ländern sind die Wachstumsraten meistens größer als die Wachstumsraten und Kapitalmärkte der Industrieländer. Im Gegenzug sind die Emerging Markets aber auch häufig weniger liquide und Ereignisse an den Börsen oder auch nur größere Wertpapierkäufe oder -verkäufe können einen stärkeren Einfluss auf die Kursentwicklung der Börsen dieser Länder haben.

BLUE CHIPS

Blue Chip ist eine Bezeichnung für eine Aktie eines erstklassigen und weltweit bekannten Unternehmens. Das Unternehmen sollte ebenfalls eine hervorragende Bonität, also Zahlungsfähigkeit, vorweisen können und regelmäßig Dividenden an seine Aktionäre ausschütten.

BONITÄT

Bonität betitelt die Kreditfähigkeit und Kreditwürdigkeit eines Schuldners (Unternehmen, Staaten, Länder und Personen). Schuldner mit einer hohen Bonität sind eher vor Krisenzeiten gefeit als Schuldner mit einer geringen Bonität.

BASISWERT

Der Basiswert ist der Wert, welcher einem Finanzinstrument zugrunde liegt. Der sogenannte Bezugswert. Dieser ist vor allem für Zertifikate und Optionsscheine wichtig. Der Basiswert kann sich dabei z. B. auf eine einzelne Aktie, aber auch auf einen Index oder einen Rohstoff beziehen.

DIVIDENDE

Eine Dividende ist ein Teil des Gewinns eines an der Börse gelisteten Unternehmens, welcher im Normalfall einmal jährlich an die Aktionäre ausgeschüttet wird. Diese Ausschüttung erfolgt pro Aktie. Ein Aktionär, welcher viele Aktien des Unternehmens besitzt, bekommt daher auch einen größeren Dividendenbetrag (Dividende multipliziert mit gehaltenen Aktien).

DIE WICHTIGSTEN INDIZES

Die Kurse der weltweiten Börsen werden zumeist verglichen, indem die Punktestände von Indizes verfolgt und verglichen werden. So wird in Deutschland vor allem der Deutsche Aktienindex, kurz DAX, verfolgt. In Amerika erhalten der S&P 500, der Dow Jones sowie der NASDAQ große Beachtung. Die US-amerikanischen Indizes haben dabei auch weltweit eine große Bedeutung, da der Aktienmarkt in den USA nach wie vor der bedeutendste weltweit ist.

DAX

Der wohl für die deutschen Anleger wichtigste Aktienindex ist der Deutsche Aktienindex oder auch kurz DAX. Von diesem werden Sie auch als Nicht-Aktionär mit fast 100-prozentiger Sicherheit schon gehört haben. Denn praktisch keine Nachrichtensendung oder Tageszeitung kommt ohne einen Kommentar zum aktuellen Indexstand des DAX aus. Dieses große Interesse der Journalisten an dem Index, bei eigentlich geringem Interesse der deutschen Bevölkerung am Thema Börse, kommt nicht daher, dass man seit Jahrzehnten krampfhaft versucht mehr Menschen für die Börse zu begeistern, sondern daher, dass an der Entwicklung des DAX-Standes auch Entwicklungen der Weltpolitik und Weltgeschichte oder der Wirtschaftslage in Deutschland oder der internationalen Beziehungen zwischen Deutschland und anderen Handelspartnern abgelesen werden können.

In neuerer Zeit beeinflussen zumeist auch die Aussagen des zum Zeitpunkt des Verfassens dieses Buches amtierenden US-Präsidenten Donald J. Trump die Entwicklung des DAX. Androhungen von Zöllen auf aus Deutschland in die USA exportierten Waren treffen den DAX besonders hart, da viele der im DAX gelisteten Unternehmen besonders viele Güter exportieren. Auch Entscheidungen der deutschen Politik können den Kurs beeinflussen. So haben Beschlüsse zur Klimapolitik wie beispielsweise der Ausstieg aus der Atom- oder Kohlekraft direkten Einfluss auf Energieversorger.

Wie setzt sich der DAX zusammen?

Der DAX besteht aus 30 deutschen Unternehmen. Er wurde 1988 ins Leben gerufen. Diese werden nach verschiedenen Kriterien in den DAX aufgenommen oder auch ausgeschlossen. Diese Kriterien sind:

- Das Unternehmen muss im Prime Standard der Deutsche Börse AG gelistet sein. Diese Unternehmen müssen alle Anforderungen in Bezug auf Transparenz, Bilanzierung, Jahresabschluss, Aktionärsversammlungen, Kommunikation etc. ausnahmslos erfüllen.
- Das Unternehmen muss eines der 35 Unternehmen an den deutschen Börsen sein, welche die höchsten Marktkapitalisierungen aufweisen. Die Marktkapitalisierung ist das Produkt aus aktuellem Börsenkurs der Aktie multipliziert mit der Anzahl der ausgegebenen Aktien. Jedoch wird hier nur der Free Float oder auch der Streubesitz einberechnet. Alle Aktien, die ab 5 % aufwärts einem einzigen Aktionär gehören, werden in die Berechnung nicht mit einbezogen.
- Die Aktien müssen am Markt ein relativ hohes Handelsvolumen vorweisen. Also stark gehandelt werden.

Diese Kriterien werden viermal jährlich überprüft. Wenn nun allerdings der DAX steigt, bedeutet es nicht, dass alle Aktien der Unternehmen im DAX auch steigen. Es gibt immer Tops und Flops. Das heißt, einige Aktien steigen an einem Tag vielleicht um +3 % und andere verlieren -1 %. Der Punktestand des DAX berechnet sich dann aus dem Durchschnitt nach Marktkapitalisierung gewichtet. Das bedeutet, dass ein Unternehmen mit einer Marktkapitalisierung von 50 Milliarden Euro den DAX stärker beeinflussen kann als ein Unternehmen mit einer Marktkapitalisierung von 10 Milliarden EUR. Diese Gewichtung wird allerdings auf maximal 10 % begrenzt. Wenn also ein Unternehmen nach

Marktkapitalisierung mehr als 10 % des DAX ausmachen würde, bleibt die Beeinflussung so, als ob es nur 10 % ausmachen würde.

Eine Eigenschaft trennt den DAX von fast allen anderen Indizes weltweit. Und zwar wird der DAX als einer der wenigen Indizes als Performanceindex berechnet. Dies bedeutet, dass in den DAX nicht nur die Kursentwicklungen einfließen, sondern ebenfalls Dividendenzahlungen der Unternehmen. Daher steigt der DAX im Grunde viel schneller als andere Indizes.

Dies hat zur Folge, dass der Index im Prinzip verzerrt dargestellt wird. Denn auch wenn die Aktienkurse theoretisch betrachtet ein ganzes Jahr stehen bleiben würden, würde der DAX trotzdem aufgrund der Dividenden steigen.

EURO STOXX

Was für Deutschland der DAX ist, ist für Europa, nein, besser gesagt für die Eurozone, der Euro Stoxx. In diesem Index sind die 50 größten Unternehmen aus der Eurozone gelistet. Somit werden Sie hier auch einige der größten Unternehmen aus dem DAX wiederfinden, allerdings auch die größten Unternehmen aus dem französischen CAC 40 oder auch dem spanischen IBEX. Auch hier bestimmt sich die Gewichtung aus der Marktkapitalisierung. Im Gegensatz zum DAX ist der Euro Stoxx jedoch ein Kursindex. Sein Indexstand errechnet sich daher einzig und allein aus den Kursgewinnen und Kursverlusten der Aktien der in ihm gelisteten Unternehmen. Dividenden fließen nicht mit ein.

S&P 500

Der Standard & Poor's 500 Index wird, wie man unweigerlich vermuten kann, vom Unternehmen Standard & Poor's herausgegeben. Er beinhaltet die 500 nach Marktkapitalisierung größten an US-Börsen gelisteten Unternehmen. Obwohl in den Anfangszeiten nur US-Unternehmen in dem Index gelistet waren, sind heute auch nicht US-

Unternehmen eingeschlossen, sofern sie an US-Börsen gelistet sind und ihre Bilanzen und Jahresberichte in USD veröffentlichen.

Er ist ebenfalls ein Kursindex, wird also genauso wie der EuroStoxx ohne Berücksichtigung der Dividenden berechnet. Wie beim DAX werden hier die einzelnen Unternehmen nach Marktkapitalisierung gewichtet.

Den S&P 500 gibt es seit 1959. Zurückgerechnet gibt es jedoch bis in das Jahr 1789 Kurse. Von 1789 bis zum 15.07.2019 ist der S&P 500 um ganze 3014 % gestiegen. Vor wenigen Tagen wurde dabei erstmals die historische Marke von 3000 Punkten durchbrochen. Wenn Sie dieses Buch in ein paar Jahren lesen, ist diese Information jedoch wahrscheinlich recht belanglos.

NASDAQ

Der Nasdaq oder auch Nasdaq Composite genannt, besteht aus allen Unternehmen, welche an der Technologiebörse Nasdaq gehandelt werden. In ihm stecken viele Unternehmen aus dem Silicon Valley wie z. B. Facebook, Microsoft oder Apple. Insgesamt besteht er jedoch aus 5000 Unternehmen, welche mit Technologie zu tun haben. Teilweise wird auch nur vom NASDAQ 100 gesprochen. Dieser Index enthält nur die 100 größten Technologieunternehmen der Nasdaq-Börse. Er ist wie die meisten Aktienindizes ein reiner Kursindex, also wird er ohne Dividendenzuflüsse berechnet. Da in ihm viele Unternehmen mit neuen Technologien und Produkten stecken, ist er größeren Schwankungen ausgesetzt als andere Indizes. Denn diese Unternehmen werden oft stark „gehyped“ und dann verstärkt gehandelt.

MSCI WORLD

Der bekannteste sogenannte Weltindex. In ihm werden weltweite große und mittelgroße Unternehmen aus insgesamt 23 verschiedenen entwickelten Ländern (daher auch Industrienationen) gelistet. Dazu gehören beispielsweise die USA, Euroländer, Japan oder auch das Vereinigte Königreich.

Dabei werden etwa 85 % des Free Floats (Streubesitz) aller Aktien dieser Länder berücksichtigt und nach Marktkapitalisierung gewichtet. Aufstrebende Länder bzw. Emerging Markets werden nicht berücksichtigt.

Insgesamt sind in ihm etwa 1600 Unternehmen aus diversen Branchen berücksichtigt. Die genaue Auswahl beruht dabei auf einem eigens entwickelten System von MSCI und S&P, dem Global Industry Classification Standard. Genaue Einsicht in die aktuell gelisteten Unternehmen haben private Anleger leider nicht.

Trotzdem ist dieser Index sehr breit gefächert und kann auch als ein Indikator der Weltwirtschaft herangezogen werden.

Da die Unternehmen jedoch auch durch die Marktkapitalisierung gewichtet werden und die meisten und teuersten Unternehmen in den USA ansässig sind, machen US-Unternehmen auch mehr als die Hälfte des Index aus. Er ist ebenfalls ein Kursindex, sodass Dividendenausschüttungen der Unternehmen keinen Einfluss auf seinen Kurs haben.

DOW JONES

Der Dow Jones ist der wichtigste Index an den US-Börsen. Er ist bereits seit 1896 verfügbar und damit der älteste aller Indizes. Ins Leben gerufen wurde er von Charles H. Dow und dem Wallstreet Journal. Er beinhaltet die 30 größten Industrieunternehmen der USA. Die Aktien der Unternehmen werden hier allerdings nicht nach Marktkapitalisierung gewichtet. Die Gewichtung bezieht sich allein auf die Höhe des Aktienkurses. So kann ein Unternehmen mit einer Marktkapitalisierung von 80 Milliarden Dollar und einem Aktienkurs von 150 USD weniger gewichtet sein als ein Unternehmen mit einer Marktkapitalisierung von 10 Milliarden USD, aber einem Aktienkurs von 220 USD.

AKTIEN – SICH SELBST DIE ROSINEN HERAUSPICKEN

Mit Aktien haben Sie die Möglichkeit am Erfolg eines Unternehmens teilzuhaben. Viele Unternehmen zahlen ihren Aktionären auch regelmäßig eine Gewinnbeteiligung (Dividende) aus, mit der Sie zusätzlich von einer Aktie profitieren. Doch gerade die Einzelauswahl von Aktien birgt auf der einen Seite eine hohe Renditemöglichkeit, die weit über der des Marktes liegen kann, auf der anderen Seite aber auch überdurchschnittliche Verlustrisiken.

Man setzt hier auf einzelne Unternehmen. Daher sind gerade hier Vorarbeiten nötig, bevor Sie investieren. Sie sollten solide Kenntnisse zu den Unternehmen haben und sich vorab mit der Fundamentalanalyse beschäftigen (lesen Sie dazu das Kapitel Fundamentalanalyse). Natürlich ist es nur möglich Aktien von Unternehmen zu kaufen, welche Sie auch an den für Sie verfügbaren Börsen handeln können. So ist es meist sehr schwer oder mit hohen Gebühren verbunden, wenn Sie z. B. eine ganz großartige Firma in Mexiko kennen, deren Aktien aber nur an der Bolsa Mexicana de Valores gelistet ist.

Ebenfalls spielt die Währung, in der die Aktien ausgegeben werden, eine Rolle bei Ihrem Investment. Denn kaufen Sie Aktien in USD, haben Sie zusätzlich noch die Möglichkeit am Wechselkurs Gewinne einzufahren. Denn die Aktie wird auch wieder in USD veräußert. Achten Sie aber auf eventuelle Gebühren Ihres Brokers bezüglich Fremdwährungen. Diese können Ihren Gewinn reduzieren.

Wenn Sie einzelne Aktien kaufen, haben Sie teilweise auch gewisse Rechte als Aktionär. Sie haben Stimmrechte, können also auf den Jahreshauptversammlungen mit abstimmen. Je mehr Aktien Sie dabei besitzen, desto mehr Stimmen haben Sie. Oder Sie kaufen Vorzugsaktien. Dabei verzichten Sie auf Ihre Stimmrechte und bekommen als Ausgleich dafür eine etwas höhere Dividende.

Auch werden Besitzer von Vorzugsaktien bei einer Liquidation des Unternehmens gegenüber Stammaktienbesitzern bevorzugt, indem die Vorzugsaktien einen höheren Restwert behalten.

Es werden allerdings nicht immer Vorzugsaktien an allen Börsen oder allgemein an der Börse angeboten.

Wenn Sie Aktien eines Unternehmens besitzen, sind Sie also zu einem bestimmten Prozentsatz Eigentümer des Unternehmens. Ihnen gehört also zum Teil die Firma. Daher auch Ihr Recht, auf den Hauptversammlungen mitzubestimmen (bei Stammaktien).

ETFS – EINFACH GANZE INDIZES KAUFEN

ETF steht für Exchange Traded Fund. Im Prinzip sind diese also auch eine Art Fonds. Allerdings gibt es dennoch große Unterschiede zu einem klassischen Fonds. ETFs sind börsengehandelte Indexfonds, welche einen ganzen Markt abbilden. Sie beziehen sich dabei immer auf einen Referenzindex. Ganz einfach kann dieser Referenzindex z. B. der DAX sein. Ein ETF auf den DAX beinhaltet nun also zum Beispiel alle Aktien, in bestimmter Gewichtung, welche auch im DAX enthalten sind. Dieses entspricht dann auch einer sogenannten physischen Replikation.

ETFs gibt es jedoch auch auf diverse andere Indizes. Teilweise wurden extra neue Indizes geschaffen, um ein neues Produkt anbieten zu können und somit z. B. einen ETF auf eine bestimmte Branche aufzulegen.

Das Positive an ETFs ist, dass man mit ihnen ganz unkompliziert und mit geringem Kapital in ganze Portfolios investieren kann. So kostet ein Anteil eines ETFs vielleicht 20 Euro und mit diesen 20 Euro hat man dann die Möglichkeit, an der Kursentwicklung aller Unternehmen, welche im abgebildeten Index stecken, teilzuhaben. Als Privatanleger wäre es praktisch unmöglich eine Aktie von jedem Unternehmen in einem Index einzeln in entsprechender Gewichtung zu kaufen. Wenn man alle Aktien im DAX kaufen möchte, wären dies schon 30 verschiedene Aktien. Mit einem ETF hat man dies mit einem einzigen Kauf erledigt.

Von klassischen Fonds unterscheidet sie, dass es keinen aktiven Fondsmanager gibt. Die ETFs sind also einfach dauerhaft investiert und entwickeln sich so (mit minimalen Abweichungen) wie der abgebildete Index. Sowohl ins Positive wie auch ins Negative. Sie können allerdings nie besser als ihr Referenzindex laufen, aber auch nie schlechter.

Dies führt jedoch auch dazu, dass die Gebühren sehr gering sind. 0,5 % pro Jahr oder weniger sind keine Seltenheit. Auch fallen meistens keine Ausgabeaufschläge an. Sie eignen sich sehr gut dazu, das eigene Depot zu diversifizieren. Da man z. B. mit einem ETF auf dem MSCI World Index direkt in etwa 1600 Unternehmen gleichzeitig investieren kann. Vor allem diese große Vielseitigkeit und Zahl der ETFs machen sie zu einem interessanten Anlageprodukt.

Auch gibt es diverse andere abgebildete Indizes. So kann man z. B. einen Teil seines Geldes in einen ETF stecken, welcher Emerging Markets wie Südamerika abbildet.

Teilweise existieren ETFs, welche die Bewegungen des Marktes doppelt so stark abbilden. Diese bieten risiko- und renditeorientierten Anlegern Möglichkeiten den Markt zu schlagen. Steigt also der DAX um 1,5 %, steigt ein ETF mit dem Faktor 2 um 3 %. Aber Achtung, auch Bewegungen in entgegengesetzter Richtung sind doppelt so stark! Verliert der DAX 1,5 %, verliert der ETF 3 %.

Es gibt grundsätzlich zwei Arten von ETFs. Einmal physisch replizierende ETFs und synthetisch replizierende ETFs. Daneben kann man noch zwischen thesaurierenden und ausschüttenden ETFs unterscheiden.

Physische ETFs bilden exakt den zu Grunde liegenden Index ab. Das heißt, dass auch tatsächlich alle Aktien, die im Index enthalten sind, in entsprechendem Verhältnis gekauft werden müssen, um den ETF zu bilden. Ein ETF auf den Euro Stoxx muss also alle 50 Unternehmen beinhalten, die auch im Euro Stoxx gelistet sind, und dies nach Markgewichtung. Dies hat zur Folge, dass diese ETFs durch die großen Mengen an gehandelten Aktien auch die Kurse selbst beeinflussen. Ein physischer ETF hat jedoch den Vorteil, dass wirklich das drin ist, was Sie auch vermuten würden.

SYNTHETISCH ODER PHYSISCH

Ein synthetischer ETF hingegen muss nicht die Wertpapiere beinhalten, die auch in seinem Basisindex enthalten sind. Vielmehr wird hier ein Vertrag mit der herausgebenden Bank abgeschlossen, welcher besagt, dass die Bank ihr Geld so investiert, als ob sie in den zu Grunde liegenden Index investieren würde. Das heißt aber auch, dass sie nicht alle Aktien des Index kaufen muss, sondern nur dafür sorgen muss, dass die Performance des ETF dem des Index entspricht. Mit welchen Wertpapieren dies erreicht wird, ist nicht vorgeschrieben. Sollten die von der Bank gekauften Wertpapiere besser laufen als der eigentliche Index, streicht die Bank für sich Gewinne ein. Wenn die Wertpapiere schlechter laufen sollten, muss die Bank aus Eigenkapital nachschießen. Dieses Verhalten wird auch als Swapping oder Swap bezeichnet. Daher nennt man die synthetischen ETFs hin und wieder auch Swap-ETFs.

Für Sie als Anleger bedeutet dies, dass Sie nicht genau wissen, welche Aktien im ETF liegen. Auf die Entwicklung des Kurses des ETFs hat dies aber eigentlich keinen Einfluss, da der zu Grunde liegende Index ja trotzdem nachgebildet wird. Ein zusätzliches Risiko besteht jedoch gegenüber eines physischen ETFs: Da der ETF nicht selbst Aktien kauft, sondern dies von der Vertragspartnerbank übernommen wird, könnte es im Falle einer Pleite der Bank zu Ausfällen im ETF kommen.

In den Informationsmaterialien zu den ETFs wird immer angegeben, um welche Art ETF es sich handelt.

AUSSCHÜTTEND ODER THESAURIEREND

Der Unterschied zwischen ausschüttenden und thesaurierenden ETFs liegt darin, dass eventuelle Dividendenzahlungen bei einem ausschüttenden ETF an die Anleger ganz oder zum Teil ausgezahlt werden. Mit einem solchen ETF haben Sie also die Möglichkeit auf einen regelmäßigen Geldfluss in Ihr Depotkonto. Zur langfristigen Anlage eigenen sich jedoch eher die thesaurierenden ETFs, denn diese legen die Dividenden und Zinsen wieder an und dadurch erhöht sich sozusagen Ihre investierte Summe und die Rendite ist über einen langen Zeitraum etwas höher. Dazu eine Beispielrechnung mit einer einmaligen Investitionssumme von 2000 EUR, die Sie für 10 Jahre halten. Einmal in einem ausschüttenden und einmal in einem thesaurierenden ETF investiert. Bei beiden ETFs wird die gleiche jährliche Rendite von 5 % angenommen bei laufenden Kosten der ETFs von 0,5 %. Der ausschüttende ETF schüttet 1x jährlich 2 % aus:

	Ausschüttender ETF	Thesaurierender ETF
Erzielter Gewinn [EUR]	1613,72	1775,55
Summe ausgeschüttete bzw. thesaurierte Beträge [EUR]	502,01	552,35

Tabelle 1: Unterschiede in der Entwicklung des Geldwertes einer Anlage in zwei hypothetische ETFs (ausschüttend und thesaurierend) nach 10 Jahren Haltedauer.

Sie sehen also, dass sich ein thesaurierender ETF im Endeffekt mehr lohnt als ein ausschüttender. Dies liegt am Zinseszinseffekt. Da die angelegte Summe bei dem thesaurierenden ETF steigt, vergrößern sich die erzielte Rendite und auch der Betrag, auf den Sie wieder thesaurierte Beträge im nächsten Jahr erhalten. Bei dem ausschüttenden ETF wird das ausgeschüttete Geld diesem Effekt entzogen. Wenn Sie also auf regelmäßige Erträge verzichten können, sollten Sie dem thesaurierenden ETF den Vorzug gewähren.

Eine weitere Variante zur Investition in einen ETF bilden sogenannte Sparpläne. Mehr dazu im Kapitel über Sparpläne.

Teilweise wird auch angeboten, vermögenswirksame Leistungen in ETFs anzulegen. Sofern Ihr Arbeitgeber so etwas zahlt. Diese Anlage in die vermögenswirksamen Leistungen wird staatlich unterstützt. Für die staatliche Förderung gibt der Anleger jedoch einen Teil seiner Freiheiten auf und die Anlage des Geldes wird weniger flexibel.

Allerdings sind ETFs nicht nur für langfristige Anleger interessant. Auch kurzfristige Investments sind aufgrund der geringen Gebühren möglich. ETFs lassen sich so einfach wie eine Aktie handeln, decken aber einen gesamten Markt ab. Daher können Sie so auch auf kurzfristige Bewegungen eines gesamten Marktes reagieren und diese für sich nutzen. Auch werden Kurse dauerhaft während der Handelszeiten zur Verfügung gestellt. Bei Fonds ist dies nicht immer möglich, da diese oft nur über eine Fondsgesellschaft handelbar sind und die Kurse nur 1 oder 2 Mal pro Tag gestellt werden.

Mit ETFs kann beim Trading auch auf fallende Märkte gesetzt werden. Viele Anbieter bieten auch Short-ETFs an, mit denen man von fallenden Kursen des Referenzindex profitiert (aber bei steigenden Kursen verliert). Auch gehebelte ETFs, mit denen man entweder auf steigende oder auf fallende Märkte setzen kann, sind erhältlich.

ETFs gibt es auch noch für diverse andere Basiswerte. Neben den Indizes können Sie über ETFs auch in Rohstoffe wie Öl oder Weizen, Edelmetalle oder Industriemetalle bis hin zu den größten

Kryptowährungen investieren. Dann werden die ETFs jedoch ETCs, Exchange Trade Commodities, genannt.

FONDS – ANDERE AKTIV FÜR SICH HANDELN LASSEN

Auch Fonds sind eine Möglichkeit mit einem einzelnen Investment direkt viele Aktien in sein Depot zu legen. Denn auch hier hat man durch die im Prinzip automatische Diversifikation ein geringeres Risiko als bei einem einzelnen Investment in ein oder zwei Aktien. Es ist also möglich, ähnlich wie bei ETFs, direkt in ganze Märkte zu investieren und an deren Kursentwicklung zu partizipieren. Von ETFs unterscheiden sich Fonds jedoch in einigen Punkten. Zuerst einmal wird ein Fond immer von einem Fondsmanager betreut. Das heißt, dass hier eine echte Person sitzt, welche sich um den Fonds kümmert. Dies hat einige Vor- und Nachteile.

Vorteilhaft ist hier, dass diese Person den Fond nicht nur stumpf den Märkten nachlaufen lässt, so wie es bei ETFs der Fall ist. Der Manager kann mehr oder weniger stark eingreifen oder auch einmal neue Anlageklassen aufnehmen oder einen Teil des Fondsvermögens in Cash umschichten, um die Schwankungen zu reduzieren. Welche Anlageklassen er dabei kaufen kann, wird immer vorher im Infomaterial des Fonds angegeben. Die Veröffentlichung dieser Informationen ist eine Voraussetzung für die Zulassung eines Fonds. Daher muss ein Fond auch diese Materialien zur Verfügung stellen. Des Weiteren muss ein Fond zur Zulassung zahlreiche weitere Richtlinien erfüllen. Zum einen muss das Fondsvermögen als Sondervermögen ausgewiesen werden, die Fondsgesellschaft muss bei der BaFin eine Erlaubnis zum Betreiben des Einlagengeschäfts und Bankgeschäfts haben. Immer wieder fliegen unlautere Betreiber auf. Oft sind dies auch Menschen, welche unerlaubt Kredite an andere Menschen vergeben.

Das Geld, welches ein Fonds zur Verfügung hat und mit dem der Manager investieren kann, bildet sich aus dem Geld der Anleger. Die Anleger vertrauen dem Fonds also ihr investiertes Geld an und der Manager kann dieses Geld verwenden, um in neue Aktien zu investieren. Vorteilhaft bei Fonds ist, dass das Fondsvermögen bei den Fondsgesellschaften als Sondervermögen gilt und daher im Falle einer Pleite der Fondsgesellschaft nicht angetastet werden darf und somit für die Anleger nicht verloren geht. Ein anderer Vorteil gegenüber ETFs ist, dass manche Fonds seine Anleger nicht nur durch die Kursgewinne des Fonds an Kapitalsteigerungen teilhaben lassen, sondern auch durch z. B. Dividendenzahlungen oder Erlösen aus Zinszahlungen. Diese werden entweder an die Anleger ausgeschüttet oder wieder im Fonds angelegt (thesauriert), wodurch eine zusätzliche Investitionssumme zur Verfügung steht und somit auch weitere Kurssteigerungen erzielt werden können.

Nachteil eines Managers ist definitiv, dass die Kosten für Sie höher sind. Denn der Manager möchte für seine Arbeit bezahlt werden. Daher liegen die Kosten für Fonds oft bei über 1 % der Anlagesumme pro Jahr.

Vorteilhaft ist natürlich auch, dass man sich nach dem Kauf nicht mehr großartig mit seiner Anlage beschäftigen muss. Gerade für Anleger, welche nicht täglich auf Kurse schauen möchten, ist dies von Vorteil. Man lässt den Manager für sich arbeiten.

Trotzdem können Sie natürlich auch bei einem Fonds börsentäglich wieder aussteigen und Ihre Anteile verkaufen. Außerdem dient dabei die Fondsgesellschaft immer als ein Käufer Ihrer Anteile. Es kann also nicht passieren, dass Sie keinen Käufer finden und Ihre Anteile nicht zum antizipierten Verkaufspreis loswerden.

Manche Fonds verlangen noch Ausgabeaufschläge, auch wenn diese weniger werden. Sie zahlen also beim Kauf ein wenig darauf. Oder sie verlangen Abgabeabschläge. Doch die sind fast ganz verschwunden, was, so denke ich, auch mit den vielen ETFs zu tun hat, bei denen diese nicht existieren. Somit musste man diese Auf- und Abschläge abschaffen, um mit den ETFs konkurrieren zu können.

Interessant können auch sogenannte Hedgefonds sein. Hier haben die Manager die Möglichkeit auch auf negative Kursentwicklungen an der Börse zu setzen und damit Kursverlusten des Fonds entgegenzuwirken beziehungsweise Aktien gegen Kursverluste abzusichern (zu hedgen). Dazu kauft der Manager zu der Aktie ebenfalls zu einem gewissen Anteil ein Short-Produkt auf eben diese Aktie, welches eine positive Rendite aufweist, wenn der Aktienkurs fällt. Oder er platziert eine Kauforder für ein Short-Produkt, wenn der Aktienkurs unter einen bestimmten Wert fällt. Dadurch werden die Verluste der Aktie ein wenig aufgefangen.

Hier können also mehr oder weniger, je nach Erfahrung des Managers, sowohl in Bären- als auch Bullenmärkten Gewinne erzielt werden.

Ähnlich wie bei ETFs ist es auch bei Fonds möglich schon mit relativ kleinen Anlagesummen Anteile eines Fonds zu kaufen. Denn auch diese gibt es teilweise schon im niedrigen zweistelligen Bereich zu haben. Somit kann man mit kleineren Summen bereits in einen breiten Markt investieren.

Nachteilig kann jedoch sein, dass es nur die wenigsten Manager schaffen, ihren Fonds besser laufen zu lassen als der Markt. Also eine höhere jährliche Rendite zu erzielen als der Gesamtmarkt.

Auch ist es leider so, dass Fondsmanager wegen gesetzlicher oder fondsinterner Vorgaben und anderen Anlagerichtlinien des jeweiligen Fonds normalerweise zu einem Mindestmaß investiert sein müssen. Dies auch dann, wenn es gerade besser wäre, nicht investiert zu sein. Ausnahmen sind hier jedoch Hedgefonds, da diese wie gesagt auch mit negativen Entwicklungen Gewinne erzielen können.

Für kurzfristige Investments sind Fonds aufgrund der höheren Gebühren nicht geeignet. Es werden jedoch wie auch bei ETFs Sparpläne angeboten, mit denen Sie langfristig und kontinuierlich kleine Summen ansparen können.

Ebenfalls wie bei ETFs gibt es ausschüttende und thesaurierende Fonds. Lesen Sie zur Erklärung das Kapitel über ETFs.

TRACKER-ZERTIFIKATE

Als dritte Möglichkeit, direkt an der Entwicklung breiter Märkte teilzuhaben, bieten sich Tracker-Zertifikate an. Wie der Name vermuten lässt, zeichnen diese die Entwicklung eines Basiskurses nach. Daher aus dem Englischen: to track = verfolgen. Tracker-Zertifikate gehören zu den sogenannten Partizipationsprodukten. Sie sind dabei die am weitesten verbreitete Klasse dieser Produkte. Wie anfangs erwähnt, bilden die Tracker-Zertifikate die Wertentwicklung eines bestimmten Basiswertes eins zu eins ab, im Negativen wie im Positiven.

Also sowohl bei Kursgewinnen als auch bei Kursverlusten. Mit Short- oder Put-Tracker-Zertifikaten können Anleger allerdings auch von fallenden Kursen des Basiswerts profitieren. Diese Art der Anlage eignet sich daher sehr gut als Beimischung in einen Depot und vor allem für risikobewusste und renditeorientierte Anleger. Aber auch für längerfristige Anleger sind Tracker-Zertifikate durchaus interessant. Die Partizipation ist bei Tracker-Zertifikaten in den meisten Fällen open end. Dies bedeutet, dass sie auf alle Ewigkeit laufen und nicht zu einem bestimmten Datum fällig werden. Nur Put-Tracker-Zertifikate sind oft mit einem Stop-Loss-Mechanismus ausgestattet. Als Basiswerte gibt es eine große Auswahl wie Einzelwerte, Indizes, Sektoren oder Portfolios. Als Zertifikat für Einzelwerte sind sie interessant, da sie sich hier oft auf Werte beziehen, auf die man als Privatinvestor sonst keinen Zugriff hätte.

Im Grunde sind sie daher also ebenfalls eine Möglichkeit, sein Depot weiter zu diversifizieren oder auch ein wenig zu spekulieren. Dabei sind die Zertifikate übersichtlich gestaltet und die Funktion meistens gut nachvollziehbar.

Es kann auch sein, dass Tracker-Zertifikate ein bestimmtes Bezugsverhältnis zum Basiswert haben. Dies ist dann von Vorteil, wenn der Basiswert schon sehr teuer ist und Sie somit Ihr Investment nicht mehr gut unterteilen könnten. Wenn Ihnen z. B. Amazon mit 1500 USD pro Aktie zu teuer ist, bietet sich ein Tracker-Zertifikat auf Amazon mit dem Bezugsverhältnis von 1:100 bzw. 0,01 an. Hier kostet ein Teil dann nur 15 USD und Sie können z. B. am Amazon-Kurs mit einem Investment von nur 300 EUR teilhaben. Denn die Werteentwicklung bleibt 1:1. Wenn die Aktien von Amazon um 1 % zulegen, steigt auch das Zertifikat um 1 %. Auf eventuelle Dividendenzahlungen müssen Sie jedoch verzichten. Die bekommen Sie nur als Aktieninhaber.

Eine andere interessante Möglichkeit sind Tracker-Zertifikate, welche als Basiswert ein Portfolio bzw. Basket haben. Als Beispiel dazu dienen die angebotenen Zertifikate von Wikifolio. Dabei möchte ich keine Werbung machen, allerdings habe ich mit diesem Anbieter Erfahrung sammeln können.
Hier ziehen diese an der Börse handelbaren Zertifikate die Entwicklung von sogenannten Wikifolio-Portfolios nach. Die Zertifikate werden dabei von der Wertpapierbörse Lang & Schwarz herausgegeben. Die Wikifolio-Portfolios können aus diversen Anlageklassen bestehen. Neben Aktien auch aus Hebelprodukten oder ETFs und Fonds oder wiederum anderen Wikifolios. Daher sind diese Portfolios sehr breit diversifiziert. Vorsicht ist jedoch in der Hinsicht geboten, dass die Manager dieser Portfolios nicht immer Profis sind. Dafür lassen sich aber auf der Homepage wikifolio.com nach kostenloser Anmeldung alle Entwicklungen und auch jede Position in den Portfolios frei einsehen und nicht nur die größten 10 Positionen, wie bei den meisten ETFs und Fonds. Das Investment ist daher sehr transparent. Im Unterschied zu Fonds haben diese Manager jedoch keinen Kontakt zu Ihrem investierten Geld. Die investierte Summe hat also keinen Einfluss auf die Investitionskraft des Managers.

Teilweise ist es auch möglich die Manager persönlich zu kontaktieren. Beschimpfen oder bedrohen Sie diese jedoch nicht bei Kursverlusten. Denn für den Kauf des Zertifikats waren allein Sie verantwortlich! Niemand kann Ihnen Gewinne versprechen.

Einige dieser Wikifolios haben eine durchaus beeindruckende Performance im Vergleich zum Markt. Kurssteigerungen von bis zu 150 % in 3 Jahren sind keine Seltenheit. Andere verfolgen Strategien, bei denen die Kurse möglichst wenig schwanken, sodass nur Volatilitäten (Schwankungsbreite des Kurses) von etwa 2 bis 3 % pro Jahr erreicht werden können und Sie somit keine große Angst vor großen und plötzlichen Verlusten haben müssen.

Sparpläne

Sparpläne sind vor allem für langfristige Investoren interessant. Sie bieten die Möglichkeit mit geringem Kapital über einen langen Zeitraum immer wieder regemäßig zu investieren. Im Gegensatz zu Einzelinvestitionen haben Sie bei einem Sparplan kein Timing-Risiko und somit können Sie vom Cost-Average-Effekt profitieren. Dabei werden z. B. jeden Monat für 50 EUR Anteile an einem ETF gekauft. Dadurch, dass Sie jeden Monat anlegen, kaufen Sie mal zu hohen und mal zu niedrigeren Kursen. Dies hat den Vorteil, dass Sie keinen Einstiegspunkt finden müssen.

Falls die Märkte fallen, drehen Ihre zuvor gekauften Anteile zwar ins Minus, doch da Sie nun ebenfalls zu günstigen Kursen weiter kaufen, bringen Ihnen diese neuen Anteile bereits ein Plus, sobald die Märkte wieder steigen, und Ihre vorherigen Anteile sind dann wieder bei 0. Unterm Strich haben Sie durch den günstigen Zukauf nun schon ein Plus.

Sparpläne eigenen sich sehr gut zur privaten Altersvorsorge. Wenn Sie für 30 Jahre nur 50 EUR monatlich in einen ETF mit 0,5 % laufenden Kosten pro Jahr anlegen und man von einem durchschnittlichen jährlichen Marktzuwachs von nur 5 % ausgeht (hier sind Crashs schon mit einberechnet), haben Sie am Ende 18.000 EUR eingezahlt und dazu 19.348,84 EUR an Rendite erhalten (aufgrund von Zinseszins). Insgesamt können Sie sich nach 30 Jahren über ein Vermögen von 37.348,84 EUR freuen! Sparpläne werden von vielen Banken angeboten. Bei einem Sparplan müssen Sie im Vergleich zu Einzelinvestments auch keine Ordergebühren beim Kauf der Anteile zahlen. Es gibt Sparpläne sowohl mit ETFs als auch mit Fonds.

FÜR DIE BLUTIGEN ANFÄNGER UNTER IHNEN: WIE GEHEN SIE VOR, UM EINE AKTIE ZU KAUFEN?

Heutzutage ist ein Aktienkauf nicht mehr so kompliziert wie beispielsweise in den 1990er Jahren. Damals musste man noch telefonisch seinen Broker oder seine Bank anrufen und mitteilen, dass man diese oder jene Aktie gerne zu bestimmter Stückzahl kaufen möchte. Der Kauf wurde meistens dann ausgeführt, wenn der Broker gerade Zeit fand. Das geschah dann auch mal zu wesentlich schlechteren Kursen.
Heutzutage funktioniert der Kauf online. Kurse werden meist in 15-minütigen Abständen oder kürzer gestellt. Da der Kauf dann in der Regel automatisiert abläuft, wird auch innerhalb von wenigen Minuten Ihre Kauforder ausgeführt.

Was brauchen Sie nun also? Zunächst einmal müssen Sie ein Depot anlegen. Dies können Sie bei Ihrer Bank des Vertrauens tun oder auch bei diversen Onlinebrokern. Suchen Sie im Internet einmal nach einem Broker oder Depotvergleich. Dort werden Ihnen dann direkt verschiedene Depotanbieter aufgelistet und Sie sehen direkt einen Vergleich und bekommen eine Übersicht zu den unterschiedlichen Gebühren der Anbieter. Um das Depot zu erstellen, müssen Sie sich ausweisen können und je nach Bank oder Anbieter über einen Wohnsitz in Deutschland verfügen. Dies ist jedoch nicht überall so. Meistens dauern die Erstellung und Überprüfung ein bis zwei Wochen. Per Post werden Ihnen Zugangsdaten und Ähnliches zugestellt.

GELD AUF DAS DEPOTKONTO ÜBERWEISEN

Wenn Sie nun Ihre Zugangsdaten zu Ihrem neuen Depot vorliegen haben, müssen Sie jedoch zunächst von Ihrem Girokonto eine Geldsumme auf Ihr Depot(konto) überweisen. Eine automatische Abbuchung von Ihrem Girokonto ist nicht möglich, auch dann nicht, wenn Sie Ihr Aktiendepot bei Ihrer Hausbank eröffnet haben. Bei der Überweisung können Überweisungskosten Ihrer Bank anfallen. Als Tipp sage ich Ihnen, dass Sie lieber gleich eine größere Summe überweisen sollten, damit Sie später einmal bei weiteren Aktienkäufen auch direkt handeln können und nicht noch wieder zwei oder drei Tage auf Ihr Geld warten müssen.

AKTIE ODER ANLAGEPRODUKT DEFINIEREN

Wenn Ihr Geld nun auf Ihrem Depot angekommen ist, können Sie über den Handelsbereich den Kauf auswählen und dort per Eingabe der ISIN oder WKN die Aktie definieren. Die ISIN ist eine internationale Kennnummer für Wertpapiere. Jede Aktie und auch jedes Anlageprodukt, Zertifikat etc. hat eine klar definierte ISIN. Keine ISIN existiert doppelt.

Wenn auch einmal der Name einer Aktie je nach Börse unterschiedlich sein kann, so ist die ISIN immer dieselbe!

Die WKN ist ebenfalls eine eindeutige Kennnummer für Wertpapiere etc., allerdings nur in Deutschland. Alle Aktien, welche an deutschen Börsen handelbar sind, haben also eine eindeutig zuordnungsbare WKN und auch eine eindeutige ISIN.

Ob Sie nun in Ihrem Depot eine Aktie zum Kauf per WKN oder ISIN suchen, spielt grundsätzlich keine Rolle.

Haben Sie nun also die Aktie ausgewählt? Gut, nun müssen Sie noch angeben, wie viele Stücke Sie kaufen wollen. Sie müssen dabei immer ganze Zahlen wählen. Wenn Sie also 500 Euro in eine Aktie investieren möchten, welche in dem Moment einen Kurs von 21,89 Euro hat, müssen Sie entweder 22 oder 23 Stück kaufen. Sie können nicht 22,8 kaufen, um genau 500 Euro zu investieren.

SPREAD

Erschrecken Sie nicht, wenn Ihr Kaufkurs etwas höher als der Kurs ist, welchen Sie gerade noch in den News gesehen haben. In den News und Kurslisten werden immer die Verkaufskurse gelistet. Diese Differenz zwischen Verkaufs- und Kaufkurs nennt man auch Spread.

An dieser Differenz verdient der Broker Geld. Der Spread kann sich zu verschiedenen Tageszeiten unterscheiden. So ist er meist kurz nach Handelseröffnung und kurz vor Handelsschluss etwas größer als am restlichen Handelstag.

Wenn Sie also eine Aktie zu 21,89 Euro sehen, kostet diese eventuell zum Kauf 22,11 Euro. Der Broker verlangt daher etwa 1 % Gebühr. Diese Gebühr lässt sich auch nicht umgehen. Natürlich muss Ihre Aktie dann auch zunächst auf 22,11 Euro als Verkaufskurs steigen und weiter noch, um den Wert der sonstigen Gebühren, welche an den Handelsplätzen (also den Börsen wie Frankfurt oder Stuttgart) anfallen, herauszuholen, damit Sie mit +/- 0 verkaufen können.

HANDELSPLATZ

Als dritten Schritt wählen Sie nun den Handelsplatz aus, also an welcher Börse Sie die Aktie kaufen möchten. Dieser Schritt ist nicht unwesentlich, da die Kurse an den unterschiedlichen Börsen auch unterschiedlich sein können. Zudem verlangen manche Börsen auch noch geringe Gebühren (Meist um die 2-3 EUR pro Order). Als Handelsplatz bieten viele Broker auch einen Direkthandel oder einen außerbörslichen Handel an. Die Konditionen zu diesen Angeboten können Sie aus den Ihnen zur Verfügung gestellten Infomaterialien entnehmen.

ORDERART ODER ORDERZUSATZ

Also nun auf Kaufen klicken? Nicht so schnell. Natürlich gehen Sie davon aus, dass nach Ihrem Kauf die Kurse auch steigen. Sollte dies jedoch einmal nicht der Fall sein, können Sie nun direkt einen Wert angeben, bei dem die Aktie wieder verkauft wird, falls es nach unten gehen sollte. Oder eventuell liegen an Ihrer ausgewählten Börse gerade sehr viele Orderanfragen zu Ihrer Aktie vor und Ihre Order wird erst viel später ausgeführt, wenn der Kurs schon wieder gestiegen ist und Sie eigentlich viel zu teuer kaufen würden. Auch dagegen gibt es einen Schutz.

Orderzusätze können Ihnen also eine Art Puffer geben, um nicht direkt ins Messer zu laufen. Es sind jedoch nicht alle Orderzusätze zwingend notwendig. Manchmal kann es auch besser sein, sich einfach auf das Wesentliche zu beschränken. Sie sollten aber auf jeden Fall einmal von den Ordertypen gehört haben. Es ist ja zumeist auch besser, wenigstens einmal die Bedienungsanleitung zu einem neuen Elektrogerät zu lesen, bevor man loslegt.

Billigst

Bei diesem Ordertyp wird Ihr Kauf zum nächstmöglichen Kurs ausgeführt. Dieser kann jedoch auch etwas höher liegen, als Sie eigentlich wollten, wenn gerade keine Verkäufer mit passender Stückzahl vorhanden sind, von denen Sie die Aktien kaufen können. Es bedeutet also nicht wirklich billigst, sondern eher unlimitiert.

Bestens

Dieser Ordertyp ist wie der Ordertyp Billigst für eine Kauforder die unlimitierte Variante zum Verkaufen. Ihre Aktien werden also auf den Markt geschmissen und dann verkauft, wenn sich ein Käufer findet. Normalerweise geht dies sehr schnell, vor allem bei geläufigen Aktien.

Es kann bei exotischen Papieren jedoch auch einmal dauern, sodass dann der Kurs von Ihrem antizipierten Verkaufskurs abweicht.

Limit

Dieser Orderzusatz bedeutet, dass Sie ein Kurslimit eingeben, zu welchem Sie kaufen möchten. Das Limit muss dabei unter dem aktuellen Kurs liegen. Dies eignet sich dazu, wenn Sie davon ausgehen, dass der Kurs bald fallen wird, und Sie einsteigen möchten, wenn er bis zu einem bestimmten Kurs gefallen ist. Denken Sie jedoch daran, dass Sie den Kaufkurs und nicht Verkaufskurs angeben. Wenn wir bei unserem Kursbeispiel bleiben und der Verkaufskurs der Aktie gerade bei 21,89 Euro liegt und der Kaufkurs gerade bei 22,11 Euro, können Sie als Limit z. B. 21,50 angeben. Dies bedeutet, dass wenn der Kaufkurs auf 21,50 Euro fallen sollte, Ihre Order dann automatisch platziert wird.
Hingegen kann eine Limit-Order auch zum Verkauf genutzt werden. Hier besagt das Limit, dass Sie zu diesem Kurs automatisch verkaufen. Wenn Sie also bereits die Aktie besitzen, können Sie eine Verkaufsorder mit Limit aufgeben, welche dann beispielsweise bei 25 Euro liegt. Somit wird automatisch verkauft, wenn der Verkaufskurs Ihrer Aktie die 25 Euro erreicht.

Stop-Loss

Dieser Ordertyp dient dazu, Ihre Verluste zu beschränken. Eine Stop-Loss-Order wird also dann ausgeführt, wenn der Kurs eine bestimmte von Ihnen definierte Marke unterschreitet. Oft setzt sich dieser Ordertyp auch aus zwei Marken zusammen. Einmal dem Wert, bei dem Sie verkaufen möchten, und dem Wert, bis zu dem Sie maximal verkaufen möchten.

Wenn Sie nun also Ihre Aktie bei 22,11 Euro gekauft haben, können Sie z. B. sagen, dass Sie maximal 5 % Verlust der Aktie hinnehmen, aber nicht mehr. Also stellen Sie den Stop-Loss auf 21,10 Euro ein und als Stop-Loss-Limit 21,01 Euro. Ihre Aktien werden dann automatisch bei einem Abfall des Kurses auf 21,10 Euro verkauft, sollte sich zu dem Preis keine Abnehmer finden, bleibt Ihre Order am Markt bis zu einem Preis von 21,01 Euro. Ihre Aktien können also direkt zu 21,10 Euro verkauft werden oder auch erst zu 21,05 Euro. Jedoch nicht für weniger als 21,01 Euro. In Extremsituationen am Markt kann es jedoch immer vorkommen, dass der Kurs so stark fällt, dass dieser Puffer nicht ausreicht. Fällt der Kurs unter 21,01 EUR, ohne dass ein Käufer gefunden wurde, werden Ihre Aktien nicht mehr verkauft. Denken Sie also vorher nach, ab welchem Kurs und bis zu welchem Kurs Sie verkaufen möchten.

Umgedreht eignet sich eine Stop-Limit-Order dazu, bei einem Kurs zu kaufen, sobald der Kaufkurs eine bestimmte Marke übersteigt. Wenn Sie also z. B. mit der Chart-Technik erkennen, dass sich bei Ihrer Aktie ein Kaufsignal ab 22,20 EUR bildet, können Sie eine Stop-Limit-Order ab 22,20 Euro bis 22,30 Euro setzen. Ihre Kauforder wird dann ausgeführt, sobald der Kaufkurs der Aktie die 22,20 EUR erreicht, und wird bis zu einem Kurs von 22,30 EUR ausgeführt. Über 22,30 EUR wird Ihre Order jedoch nicht mehr ausgeführt.

ACHTUNG: Von Broker zu Broker unterscheiden sich die Bezeichnungen zu den Orderzusätzen teilweise. Hin und wieder werden auch noch weitere Ordertypen angeboten. Die hier aufgeführte Beschreibung trifft nur auf meinen Broker zu.

Lesen Sie sich immer das Infomaterial zu den Orderzusätzen durch, dieses wird von jedem Broker angeboten. Oder rufen Sie die Infohotline Ihres Brokers an.

Alles eingestellt?

Dann können Sie nun auf Kaufen klicken. Meistens sehen Sie nun noch eine Zusammenfassung Ihrer Order mit allen Gebühren. Noch können Sie hier wieder zurückgehen, falls Sie z. B. lieber eine andere Börse auswählen wollen.

Wenn alles in Ordnung ist, können Sie nun kostenpflichtig kaufen. Den Status Ihrer Order können Sie in Ihrem Orderbuch verfolgen.
Nun sind Sie Aktionär!

FUNDAMENTALE ANALYSE

Die Fundamentalanalyse dient einfach gesagt dazu, abzuschätzen, wie ein Unternehmen wirtschaftlich dasteht. Sie basiert auf der Idee oder dem Gedanken, dass ein Unternehmen einen fairen Wert besitzt, dem sich langfristig auch der Börsenkurs anpassen muss. Wenn der berechnete faire Wert in etwa dem Wert entspricht, zu dem die Aktien des Unternehmens gerade an der Börse gehandelt werden, spricht man von einem fair bewerteten Unternehmen.

Sollte der berechnete Wert des Unternehmens allerdings höher liegen als der Kurs der Aktien des Unternehmens, wird dies bei der Fundamentalanalyse als Kaufsignal gesehen. Denn die Aktien sind in diesem Fall unterbewertet und sollten sich in Zukunft also wieder dem fairen Wert annähern und steigen. Andersherum steht ein Aktienkurs, welcher über dem berechneten Wert des Unternehmens liegt, für bald fallende Kurse der Aktie. Denn auch hier sollte sich der Kurs wieder dem fairen Wert angleichen. Die Berechnung des fairen Wertes kann dabei mit Hilfe verschiedener Kennzahlen erfolgen. Für die fundamentale Analyse des Unternehmens sind dabei Zahlen aus der Gesamtwirtschaft, aus der jeweiligen Branche und aus dem Unternehmen selbst wichtig. Diese wiederum bestehen aus einem qualitativen und quantitativen Teil.

Man kann die Fundamentalanalyse in drei Sektionen einteilen, welche man auch von grob bis fein betrachten kann. Diese sind:

- Globalanalyse
- Branchenanalyse
- Unternehmensanalyse (qualitativ und quantitativ)

GLOBALANALYSE

Zunächst beschäftigen Sie sich mit den nationalen und internationalen Beziehungen, um die wirtschaftlichen Rahmenbedingungen eines Unternehmens einschätzen zu können. Daher nennt man diesen Schritt auch Global. Sie müssen dabei alle Faktoren berücksichtigen, welche einen Einfluss auf die Wirtschaftstätigkeiten des Unternehmens haben.

Diese sind unter anderem die globale Zinspolitik der Länder, in denen das Unternehmen aktiv ist. Beachten Sie auch, in welchen Ländern eine eventuelle Produktion ausgelagert ist und wo Produkte wieder eingeführt werden müssen. Gibt es Freihandel oder sogar extra Zölle? Auch die Geldpolitik der einzelnen Zentralbanken hat auf die globalen Faktoren einen großen Einfluss. Müssen Gewinne in Fremdwährungen etwa immer wieder in USD oder Euro gewechselt werden, kann der Wechselkurs Gewinne stark schmälern, aber auch noch einmal vergrößern.

Außerdem hat die Zinspolitik auch einen direkten Einfluss auf Ihren Kaufkurs der Aktie. Niedrige Zinsen gehen oft mit steigenden Märkten einher. Auch wirkt sich der Zinssatz darauf aus, ob und wie weit ein Unternehmen eventuell Schulden aufnimmt, um neues Geld für Forschung oder Entwicklung und Wachstum zur Hand zu haben. Hohe Zinsen können im Umkehrschluss dazu führen, dass Unternehmen die Investitionen zurückfahren. Signale hierfür kommen vor allem von den Pressekonferenzen der Zentralbanken.

Aber auch kleinere Kommentare von Mitgliedern der FED (Federal Reserve (USA)) oder der EZB (Europäische Zentralbank) können große Bewegungen auf den Märkten auslösen. Ebenfalls kann sich ein Blick auf Rohstoffpreise lohnen. Vor allem Firmen im produzierenden Gewerbe sind von stabilen Preisen für die Rohstoffe ihrer Produkte abhängig.

BRANCHENANALYSE

Im nächsten Schritt und wenn die Globalanalyse soweit fertig ist, gehen Sie eine Ebene tiefer und sehen sich die Branche an, in der das Unternehmen tätig ist. Dabei sollten Sie sich vor allem einmal strukturelle Aspekte und die jeweiligen Abhängigkeiten vom Konjunkturverlauf ansehen. Dazu schauen Sie sich zunächst einmal an, welche Konkurrenten und Wettbewerber das Unternehmen hat. Wie viele Wettbewerber gibt es, wie groß ist deren Marktanteil, welche komplementären Güter bieten diese an oder bietet Ihr Unternehmen noch andere Güter an, welche die Konkurrenz nicht anbietet? Was macht die Branche im Moment sonst? Gibt es neue Entwicklungen, in denen Ihr beobachtetes Unternehmen führend ist oder hinterherhinkt? Was treibt die Branche um? Gibt es sonst noch Spezialprodukte, in denen das Unternehmen vielleicht kaum Konkurrenz hat?

Auch müssen Sie schauen, ob die Branche des Unternehmens eher zyklisch oder antizyklisch ist. Bei zyklischen Unternehmen und Branchen erwirtschaften diese am meisten, wenn die Konjunktur eines Landes allgemein gut läuft. Antizyklische Branchen profitieren in Zeiten, in denen die Konjunktur sich eintrübt. Teilweise gibt es auch Unternehmen, die immer ein wenig vor dem Konjunkturhochpunkt bereits ihren Hochpunkt erreichen und dann wieder schlechter laufen. Vergleichen Sie dazu die Daten mit der Konjunktur in der Vergangenheit.

Außerdem hat natürlich auch die Politik eines Landes Einfluss auf einige Unternehmen. Als Beispiel soll hier die Rüstungsindustrie gelten, welche natürlich bei einem Krieg besser läuft als die meisten anderen Branchen. Andere Branchen, wie die Energie- und Versorger-Branche, werden bei politischen Entscheidungen wie dem Kohleausstieg oder der Energiewende allgemein belastet. Teilweise eingeführte extra Steuern oder auch Werbeverbote wie für die Tabakindustrie sind weitere Beispiele, welche sich negativ auf ganze Branchen auswirken können. Andererseits sind Begünstigungen wie Subventionen oder

Steuerreduzierungen antreibend für eine Branche.
Weiterhin können Ihnen Daten wie Lagerbestände oder Auftragslage einen Hinweis darauf geben, wie es gerade um die Branche steht. Hohe Lagerbestände deuten auf eine niedrigere Nachfrage an Produkten vom Verbraucher hin und weniger Aufträge auf einen Abschwung in der Konjunktur. Dabei helfen können Ihnen auch von Wirtschaftsweisen und Wirtschaftsinstituten veröffentlichte Berechnungen und Daten zu verschiedenen Branchen und der Konjunktur. Auch führen diese immer wieder Umfragen unter Firmenchefs durch, um einen Rückschluss auf die derzeitige Lage zu erhalten. Zum Beispiel sind diese Daten der amerikanische Empire State Index, der deutsche Gfk Konsumklimaindex oder auch BIP-Prognosen und der Einkaufsmanagerindex.

UNTERNEHMENSANALYSE (QUALITATIV)

Wenn Sie sich nun auch mit der Branche Ihres auserwählten Unternehmens ausreichend beschäftigt haben, kommen Sie zur Unternehmensanalyse an sich. Zuerst schauen Sie sich dabei die qualitative Seite dieser an. Dieser qualitative Teil beleuchtet dabei im Prinzip alles, was sich nicht berechnen oder in Zahlen fassen lässt. Dazu zählen die Produktpalette oder auch die Unternehmenskultur und einfach das Geschäftsmodell. Außerdem zählen Faktoren wie, ob die Produktion sehr aufwändig ist oder ob das Unternehmen vielleicht gar nicht produziert, sondern nur Dienstleistungen anbietet. Ist das Management des Unternehmens vertrauenswürdig? Handelt es sich vielleicht noch um eigene Inhaber, welche das Unternehmen wie ihre Westentasche kennen, oder wurde es bereits von Hedgefonds aufgekauft, welche nur an Profit, aber nicht an anderen Dingen interessiert sind? Wie ist das Verhältnis zu Mitarbeitern und den Gewerkschaften? Ein schlechtes Verhältnis kann sich zum Beispiel in Streiks entladen.

UNTERNEHMENSANALYSE (QUANTITATIV)

Dieser Teil der Analyse beschäftigt sich nun mit den harten Zahlen! Hier geht es um Bilanz, Kurs-Gewinn-Verhältnis etc., um das Unternehmen genau mit anderen vergleichen und die wirtschaftliche Situation in der Firma benennen zu können. Diese Zahlen beleuchten wir nun genauer.

KURS-GEWINN-VERHÄLTNIS (KGV)

Wenn Sie schon ein wenig an der Börse aktiv sind und sich etwas mit Finanznachrichten beschäftigt haben, haben Sie sicherlich schon einige Male vom KGV gehört oder gelesen. Das KGV ist eine der bekanntesten fundamentalen Kennzahlen. Sie wird aus dem Verhältnis des Aktienkurses zum erwirtschafteten Gewinn pro Aktie berechnet. Die Formel lautet dabei:

KGV = aktueller Aktienkurs/Gewinn pro Aktie

Mit dieser Kennzahl ist es möglich, abzuschätzen, ob ein Unternehmen eher über- oder unterbewertet ist. Dabei bedeutet ein niedriges KGV von z. B. 5, dass ein Unternehmen bei aktuellem Gewinn fünf Jahre braucht, um den aktuellen Aktienwert zu erwirtschaften.

Ein hohes KGV kann also bedeuten, dass ein Unternehmen schon sehr hoch bewertet ist, da es z. B. bei einem KGV von 15 schon 15 Jahre benötigt, um überhaupt den aktuellen Wert zu erwirtschaften.

Gerade neue aufstrebende Unternehmen, wie Unternehmen aus dem Tech-Sektor, haben oft ein KGV von weit über 25 oder mehr. Das liegt auch daran, dass diese Unternehmen oft noch gar keinen bis sehr wenig Umsatz machen und viel Geld aufnehmen müssen, um die Entwicklung zu finanzieren.

Den errechneten KGV Wert können Sie nun auch zum Vergleich anderer Unternehmen oder dem Branchen-KGV, also dem durchschnittlichen KGV, den Unternehmen in derselben Branche haben, nehmen. Hierbei gilt, dass ein niedrigeres KGV als das durchschnittliche in der Branche im Allgemeinen positiver zu bewerten ist als ein höheres. Denn dies bedeutet auch, dass das Unternehmen in der Branche als unterbewertet gilt, weil der Marktwert pro Aktie im Vergleich zum Gewinn pro Anteil niedriger ausfällt als bei den meisten anderen Unternehmen in einer vergleichbaren Branche. Passen Sie allerdings auf, wenn das KGV negativ sein sollte. Ein niedriges KGV zeigt zwar eine Unterbewertung an, ein negatives deutet allerdings auf ein Verlustgeschäft hin.

KURS-UMSATZ-VERHÄLTNIS (KUV)

Bei dem KUV müssen Sie den gesamten Umsatz Ihres auserwählten Unternehmens mit dem aktuellen Aktienkurs ins Verhältnis setzen. Die Formel dazu ist:

KUV= aktueller Aktienkurs/Umsatz

Grundsätzlich ist diese Zahl weniger aussagekräftig, weil hier nur der Umsatz betrachtet wird. Wenn ein Unternehmen zwar viel Umsatz macht, seine Ausgaben allerdings trotzdem höher sind, macht es Verlust. Diese Zahl sagt also nichts zur Wirtschaftlichkeit eines Unternehmens aus.

KURS-CASHFLOW-VERHÄLTNIS (KCV)

Das nächste für Sie interessante Verhältnis ist das KCV. Hier wird das Verhältnis des Kurses zum Cash-Flow pro Aktie betrachtet. Der Cash-Flow ist dabei im Grunde der Umsatzüberschuss aus allen geschäftlichen Aktivitäten Ihres auserkorenen Unternehmens. Diese Zahl lässt also auf die Wirtschaftlichkeit eines Unternehmens rückschließen. Denn hier sind die Ausgaben bereits vom Umsatz abgezogen.

Im Vergleich zum KGV bietet diese Kennzahl auch einen Vergleich des Unternehmens nach vielen Investitionen oder bei schwankungsstarken Branchen. Ebenfalls lässt sich ein

Umsatzüberschuss schlechter schönen als ein allgemeiner Gewinn. Bei der Ermittlung des Gewinns hat das Unternehmen noch Möglichkeiten, das Ergebnis ein wenig schönzurechnen, da es dieses durch Abschreibungen oder Rückstellungen beeinflussen kann. Bei Berechnung des Cash-Flows werden Abschreibungen etc. jedoch nicht berücksichtigt. Im Rückschluss kann somit auch eine große Differenz zwischen KGV und KCV bedeuten, dass das Unternehmen seine Spielräume bei der Bilanzierung ausgenutzt hat. Wenn also das KGV und das KCV einer Periode deutlich auseinanderliegen.

KCV = aktueller Aktienkurs/Cash-Flow

Trotzdem gilt auch ein niedriges KCV als eher positives Signal für Ihre Investition. Ein hohes KCV bedeutet hingegen, dass das Unternehmen lange Zeit benötigt, um mit seinem Umsatzüberschuss den Aktienkurs zu decken.

KURS-BUCHWERT-VERHÄLTNIS (KBV)

Das KBV ist das Verhältnis zwischen aktuellem Aktienkurs und dem Buchwert pro Aktie des Unternehmens. Der Buchwert ist ein Wert, welcher angibt, wie viel Eigenkapital auf die einzelnen Anteilseigner entfällt. Auch zeigt das KBV an, ob der bilanzierte Buchwert stimmt. Die Berechnung erfolgt über die Summe der Vermögensgegenstände (Aktiva) minus der ausstehenden Verbindlichkeiten des Unternehmens und minus der immateriellen Vermögensgegenstände (wie selbstgeschaffene Patente oder geistiges Eigentum).

Der Buchwert gibt daher auch an, was das Unternehmen wert ist, bzw. wie viel es bei einer Liquidation wert wäre, bei der alle materiellen Eigentümer der Firma verkauft werden. Um nun das KBV zu berechnen, setzt man diese errechnete Zahl des Buchwertes in Verhältnis zu der Menge an ausgegebenen Aktien des Unternehmens.

Ein KBV über 1 ist dabei ein Zeichen dafür, dass das Unternehmen am Markt einen höheren Wert hat als all seine materiellen Güter zusammen, bzw. als der reine Substanzwert. Vor allem bei Unternehmen aus der Dienstleistungsbranche muss dies allerdings kein schlechtes Zeichen sein, da diese oft kaum materielle Werte besitzen und mehr geistiges Eigentum haben. Auch ein Markenname ist ein immaterielles Gut und schmälert daher den Wert der materiellen Güter.

Als günstig anzusehen ist es, wenn Sie Unternehmen finden, bei denen das KBV gegen 1 tendiert, besser aber ein wenig unter 1. Allein gesehen bedeutet ein KBV unter 1 aber nicht immer, dass das Unternehmen günstig ist. Betrachten Sie daher auch andere Kennzahlen. Ein niedriges KGV zusammen mit einem KBV unter 1 kann auf eine Unterbewertung hindeuten.

Teilweise kann es auch vorkommen, dass ein Unternehmen Verluste macht, welche sich negativ auf das Eigenkapital auswirken, jedoch noch nicht den Buchwert beeinflussen und sich erst in einiger Zukunft auch auf diesen negativ auswirken. In diesem Fall wäre es eher unvorteilhaft zu investieren.

EIGENKAPITALQUOTE

Die Eigenkapitalquote des für Sie interessanten Unternehmens ergibt sich aus dessen Anteil an Eigenkapital an der Gesamtbilanzsumme. Bei wenig verschuldeten Unternehmen ist diese hoch, bei verschuldeten Unternehmen gering, da dann Schuldner einen großen Anteil an der Bilanzsumme einnehmen. Sie ist ein sehr wichtiger Wert, welcher zur Ermittlung der Sicherheit und Krisenfestigkeit eines Unternehmens dient. Je niedriger die Eigenkapitalquote, desto höher ist also dementsprechend der Verschuldungsgrad und desto höher ist auch die Gefahr, dass das Unternehmen in einer Krise seine Schulden nicht zurückzahlen kann und in die Insolvenz gerät. Bei einer hohen Eigenkapitalquote liegen jedoch genug Reserven vor, um eine Krise durchzustehen.

Daher sollten Sie auf Unternehmen mit einer hohen Eigenkapitalquote setzen, damit Sie auch in Krisen sichergehen können, dass das Unternehmen diese überleben wird.

DIVIDENDENRENDITE

Die Dividendenrendite ist das Verhältnis der Dividende, welche an die Anteilseigner der Aktien ausgeschüttet wird, und dem aktuellen Wert der Aktie. Für Sie ist diese Dividendenrendite interessant, da Sie an ihr ableiten können, mit welcher jährlichen Rendite Sie rechnen können, wenn der Kurswert sich nicht mehr verändern würde.

Die Dividende zeigt aber nicht immer an, wie gut ein Unternehmen wirklich dasteht. Oft bleibt die Dividendenrendite auch über Jahre hinweg ähnlich, obwohl sich Gewinnzahlen ändern. Auch bei weniger Gewinn halten viele Unternehmen an ihrer Dividende fest, damit die Aktienbesitzer nicht verkaufen und eine gewisse Sicherheit haben.

Technische Analyse

CHARTS LESEN

Die Chartanalyse beruht auf der Idee, dass sich Muster wiederholen. Erfahrungswerte aus Jahrzehnten haben gezeigt, dass in Zusammenhang mit der menschlichen Psyche tatsächlich einige Muster in den Charts immer wieder vorkommen und sich auch ähnlich auflösen. Daher ist es möglich, mit der Chartanalyse die Bewegungen der Kurse bis zu einem gewissen Maße hervorzusehen. Natürlich treffen diese Vorhersagen nicht immer zu, aber manche Chart-Formationen haben eine Trefferquote von weit über 60 %.

Dabei braucht das Lesen der Charts jedoch einiges an Erfahrung. Sie werden bis zu einem Jahr brauchen, bis Sie das nötige Gefühl und Wissen besitzen, um erfolgreich die Charts zu lesen.

Bei der Chartanalyse ist es wichtig, keine Emotionen mit in seine Entscheidungen einfließen zu lassen. Aus eigener Erfahrung kann ich Ihnen sagen, dass Emotionen nur dazu führen, dass Sie schnell wieder verkaufen, falls es kurz in die falsche Richtung geht, nur um dann festzustellen, dass Sie das Chart-Muster doch richtig erkannt hatten und der Kurs kurze Zeit später in die von Ihnen richtig erkannte Richtung dreht und diese auch beibehält. Nur sind Sie dann nicht mehr dabei. Geben Sie der Analyse etwas Zeit, setzen Sie eine Stop-Loss-Order nicht zu knapp und behalten Sie einen kühlen Kopf.

Für langfristig orientierte Anleger ist die Chartanalyse sowieso eher weniger bedeutsam. Allerdings lassen sich auch aus längeren Zyklen am Markt mögliche gute Kaufpunkte ermitteln, um noch ein paar extra Prozente an Rendite mitzunehmen.

Die gesamte technische Analyse mit all ihren Chart-Mustern hier zu besprechen würde allerdings den Rahmen dieses Buches sprengen. Daher werden hier nur einige Muster besprochen.

CHART-FORMATIONEN

Hier nun einige grundlegende Chart-Formationen, die Ihnen helfen können, Kauf- und Verkaufssignale zu erkennen oder abzuschätzen:

UNTERSTÜTZUNGEN UND WIDERSTÄNDE

Diese Linien dienen oft als Signalgeber für einen Verkauf oder Kauf. Theoretisch gesehen stellen Widerstände und Unterstützungen ein Preisniveau dar, auf dem sich Kauf- und Verkaufsinteressen der Händler an der Börse annähern. Dies bedeutet bei steigenden Kursen in einer Aufwärtsbewegung, dass bei einem Erreichen eines bestimmten Preisniveaus die Kaufbereitschaft weniger wird und somit der Kurs an dieser Linie oft zunächst umdreht. Daher bezeichnet man dies als eine Widerstandslinie. Die Verkaufsbereitschaft nimmt dort wieder Oberhand, weil die Mehrheit der Händler nun der Meinung ist, dass der Kurs ein faires Preisniveau erreicht hat. Man geht von weniger starken Anstiegen aus und einige nehmen ihre Gewinne mit und verkaufen im Plus. Von den nun fallenden Kursen verschreckt, verkaufen nun auch noch erst kurz vorher eingestiegene Händler und der Kursverfall beschleunigt sich.

Diese Linien lassen sich in der Charttechnik jedoch daran erkennen oder erahnen, ob der Kurs in der Vergangenheit schon einmal an einem ähnlichen Preisniveau umdrehte oder kämpfte. Widerstandslinien bilden sich daher oft an alten Hochpunkten.

Im Umkehrschluss sind Unterstützungslinien Preisniveaus, an denen die Händler wieder Potential in der Aktie sehen. Diese bilden sich oft an alten Tiefpunkten, an denen der Kurs schon einmal wieder ins Plus drehte. Oft ist dies auch ein Preisniveau, an dem sich die Marktteilnehmer erinnern, dass von hier schon einmal eine Aufwärtsbewegung startete oder dass sie dort das letzte Mal die Aktie gekauft haben. Durch wieder steigende Kurse werden noch weitere Käufer angelockt.

Zusätzlich haben runde Kurszahlen wie die 20, 100 oder 350 das Potential, als psychologische Linien zu gelten. Ein Kurs kämpft viel eher mit der 100 als mit der 98,2.

Nach dem Durchbrechen von Widerstands- oder Unterstützungslinien kommt es oft zu weiterem Potential, wodurch sich der Kursverlauf beschleunigt. Beim Durchbruch der Unterstützungslinie geht es oft beschleunigt weiter abwärts und beim Durchbrechen einer Widerstandslinie gibt es Chancen auf die nächsten Höchststände.

SYMMETRISCHES DREIECK

Das symmetrische Dreieck besteht eigentlich nur aus zwei Trendlinien, welche jedoch immer weiter zusammenlaufen und somit ein Dreieck bilden. Dies kann vorkommen, wenn der Kurs einer Aktie eine längere Zeit angestiegen ist und dann ein wenig stagniert. Dabei werden die Kursbewegungen immer kleiner und laufen somit immer weiter zusammen.

Die nächsten Hochpunkte im Kursverlauf liegen dabei immer ein wenig unter dem vorherigen Hochpunkt. Gleichzeitig liegen die neuen Tiefpunkte jedoch immer etwas höher als die vorherigen Tiefpunkte. Wenn man nun immer an den Endpunkten eine Linie zeichnet, bildet sich das Dreieck. Je länger oder umso größer das Dreieck wird, desto aussagekräftiger wird es und mit entsprechend mehr Kraft findet vermutlich der Ausbruch statt.

Das Dreieck wird aufgelöst, sobald ein Hochpunkt wieder über dem vorherigen liegt (Bullische Auflösung) oder der nächste Tiefpunkt unter dem vorherigen liegt (Bearische Auflösung). Der Ausbruch muss jedoch nicht am Ende, also der Spitze des Dreiecks, stattfinden. Ein Ausbruch hier führt sogar öfter zu Fehlausbrüchen, bei denen der Kurs nur kurz ausbricht und dann wieder in die entgegensetzte Richtung dreht.

FLAGGEN

Diese Formationen sind meiner Meinung nach sehr vielversprechend. Sie bilden sich meistens nach starken Aufwärts- oder Abwärtsbewegungen. Dabei lässt sich der starke vorherige Anstieg auch als ein Fahnenmast sehen. Man kann sie auch als trendbestätigend bezeichnen. Dieser starke vorherige Anstieg ist jedoch auch zwingend nötig. Die Flagge selber läuft dann ein wenig wackelig gegen den Trend. Daher kommen die Kurse langsam nach oben und unten wackelnd zurück, ohne größere Bewegungen zu zeigen.

Zu diesen Formationen kommt es, wenn nach einem starken Anstieg die ersten Marktteilnehmer ihre Gewinne mitnehmen. Sobald der Kurs jedoch wieder nach oben ausbricht, kommt es meist zu einem weiteren Anstieg. Eine Flagge kann sich über einen Zeitraum von bis zu vier Wochen erstrecken.

Die Flaggen eignen sich also als Zeichen dafür, dass die Käufer nun erst einmal genug hatten. Der langfristige Trend ist jedoch weiterhin aufwärtsgerichtet.

Daher eignet sich ein Ausbruch aus der Range, oder Schwankungsbreite der Kurse, der Flagge sehr gut als Kaufpunkt, mit dem Sie an dem nächsten Teil der Aufwärtsbewegung teilhaben können. Diese Form der Flaggen nennt man Bullenfahnen, da sie in einem steigenden Markt vorkommen. Auf der anderen Seite gibt es auch Bärenfahnen, diese kommen in fallenden Märkten vor. Dabei bilden sie sich nach starken Abverkäufen, wenn die Märkte wieder etwas nach oben drehen. Dies liegt daran, dass nach dem Abverkauf schon wieder einige Händler zu günstigen Preisen einsteigen. Oft reichen diese Käufe dann aber nicht aus, um den Kurs wieder nach oben zu drehen. Der Markt wackelt dann etwas nach oben und wieder zurück. So bildet sich die Bärenflagge. Sobald der Kurs nach unten aus der Flagge fällt, setzt sich der Verfall meistens noch einmal weiter fort. Bricht er nach oben aus, kann dies auf ein Ende der Abwärtsbewegung hindeuten.

Ebenfalls finde ich, dass Flaggen, ob nun Bullenflagge oder Bärenflagge, im Gegensatz zu anderen Formationen relativ einfach im Chart erkannt werden können. Dazu bedarf es gar nicht so viel Übung. Manch andere Formationen sind so undurchsichtig, dass ich nach Jahren am Markt noch Schwierigkeiten mit dem Erkennen dieser habe. Dabei möchte ich Ihnen noch einen kurzen Tipp geben: Wenn Sie sich in einem Chart-Muster nicht ganz sicher sind, bleiben Sie lieber dem Markt fern. Neue Möglichkeiten wird es für Sie schon bald darauf wieder geben. Denn auch hier, bei einfachen Formationen, lauern teilweise Bullenfallen. Damit ist gemeint, dass der Kurs zwar nach oben aus der Flagge ausbricht, dann aber in den nächsten Bewegungen wieder in die Flagge fällt und somit das Kaufsignal zunichtemacht. Ganz risikofrei geht es leider nie, sonst wären wir auch alle schon schwerreich.

STEIGENDE UND FALLENDE DREIECKE

Im Gegensatz zu symmetrischen Dreiecken liegen hier die beiden Trendlinien, welche die Dreiecke begrenzen, steigend oder fallend vor.

Bei einem steigenden Dreieck zeigt dabei die obere Linie praktisch keinerlei Steigung auf und ist daher nahezu waagerecht. Dafür zeigt jedoch die untere Linie nach oben. Daher liegen also die neuen Tiefs im Chart-Verlauf immer etwas höher als das vorhergegangene Tief. Die neuen Hochs liegen jedoch auf dem gleichen Level wie die Hochs zuvor. Auch ein steigendes Dreieck ist dabei eine Formation, welche als Unterbrechung in einem Bullenmarkt gesehen werden kann. Dabei schaffen es die Käufer nicht, neue Hochs zu generieren, die Verkäufer hingegen schaffen es aber auch nicht, den Kurs gen Süden laufen zu lassen.

Sollte der Kurs nach oben aus dem Dreieck ausbrechen, also ein Hoch bilden, welches über dem letzten liegt, setzt oft der nächste Aufwärtsschub ein. Man kann diesen Ausbruch also als Kaufsignal sehen.

Hingegen ist ein fallendes Dreieck das genaue Gegenteil. Hier bildet die obere Linie einen Abfall aus und die untere Linie ist nahezu horizontal.

Das fallende Dreieck ist daher als Pause in einem Bärenmarkt zu sehen. Hier schaffen es, analog zum steigenden Dreieck, die Käufer nicht, neue Hochs zu generieren, die Verkäufer sind jedoch noch nicht stark genug, um den Markt weiter fallen zu lassen.

Erkennen Sie also ein fallendes Dreieck im Chart-Verlauf, ist dies eher ein Signal, dem Markt fernzubleiben. Es sei denn, die Bären schaffen es nicht, den Kurs nach unten aus dem Dreieck fallen zu lassen. Und sollte der Kurs sogar ein höheres Hoch ausbilden, kann dies als Umkehrsignal gesehen werden, welches auf nun wieder steigende Kurse hindeuten kann.

TRENDLINIEN

Eine Trendlinie können Sie in einen Chart einzeichnen, indem Sie die letzten Hochpunkte miteinander verbinden. Dabei bildet sich entweder ein steigender Trend oder ein fallender Trend der Kurse. Je mehr Punkte durch die Trendlinie abgedeckt werden, desto aussagekräftiger ist der Trend.

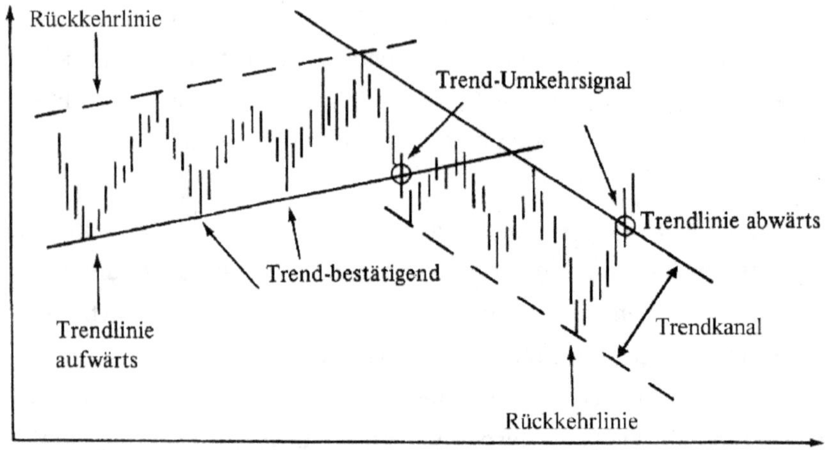
Rückkehrlinie
Trend-Umkehrsignal
Trendlinie abwärts
Trend-bestätigend
Trendlinie aufwärts
Trendkanal
Rückkehrlinie

Crash! Blutbad! FOMO! - Emotionen an der Börse

Emotionen gehören zur Börse, da an der Börse Menschen handeln. Obwohl man immer wieder liest, dass man möglichst emotionsfrei handeln sollte, gelingt dies auch den Profis nicht zu 100 %.

Jeder bekommt Angstschweiß, wenn er in seinem Depot einen dicken Minusbetrag sieht. Jeder spielt mit dem Gedanken, bei stark fallenden Kursen schnell zu verkaufen, bevor das Minus noch größer wird.

Andersherum ärgern sich viele, wenn die Kurse immer weiter steigen, man selber aber nicht investiert ist und sich hunderte Euro an Gewinn entgehen lässt. Genau bei diesen Situationen kommt es dann immer wieder zu Entscheidungen, welche eigentlich jeder Regel widersprechen.

Doch ruhig und cool bleiben fällt vor allem am Anfang des Börsenlebens schwer. Mir ging es da nicht anders. Heute sehe ich, dass mein Depot mit ruhigerem Puls um einiges besser läuft! Trotzdem muss ich Ihnen sagen, dass, vor allem beim aktiven Handel, trotz aller Literatur, die Sie lesen können, die wirkliche Erfahrung nur durch Schmerz gelernt werden kann. Daher fangen Sie klein an. Investieren Sie kleine Beträge. Beträge, mit denen Sie zwar einige Male hätten feiern oder essen gehen können, aber nichts, was Sie für Ihre nächste Wohnungseinrichtung oder Ihr Motorrad hätten nutzen können.

Vor allem die Verlust-Angst ist bei vielen Menschen gerade am Anfang groß und so wird oft überstürzt gehandelt. Andere erwarten ständig den nächsten Crash in der übernächsten Woche und trauen sich nicht, zu investieren. Menschen haben oft vor allem vor extremen, aber sehr unwahrscheinlichen Ereignissen Angst. Diese Ereignisse sind z. B.

ebenfalls ein Flugzeugabsturz, ein Terroranschlag, ein Haiangriff, ein drohender Bürgerkrieg, der Untergang der zivilisierten Welt oder einfach der Verlust allen Geldes. Daher werden diese Szenarien auch immer wieder gerne in Filmen thematisiert, denn diese Ereignisse sind gleichzeitig fesselnd, sofern sie uns nicht direkt betreffen. Man kann die Angst an der Börse in einer Art Angstkurve beschreiben: Sie beginnt mit leichtem Zweifel, dieser geht jedoch oft bald in Zuversicht über, die Lust am Gewinn steigert sich immer weiter bis zu Gier, es folgt Hochmut über das Erreichte und die Gewinne. Es folgt ein erster Schreck, der sich auf die letzte Hoffnung ausweitet, welche in komplette Ratlosigkeit und schließlich totale Angst und Panik übergeht. Darauf folgen Reue und Abscheu.

Sobald Panik ausbricht, lässt sich eine Situation nicht mehr kontrollieren. Es werden Fluchtreflexe ausgelöst und die Menschen fliehen fast automatisch, das rationale Denken lässt nach, wir informieren uns nicht mehr, kommunizieren nicht mehr und denken nur noch daran uns zu retten, egal wie und wer oder was dabei auf der Strecke bleibt. Panik ist leider auch ansteckend. Wenn eine Person panisch wird, stresst dies automatisch andere Menschen, welche auch in Panik geraten können. Diese Panik greift auf weitere Menschen um, bis schließlich ganze Massen in Panik geraten.

An der Börse lassen sich so die immer stärker werdenden Abverkäufe erklären. Immer mehr Anleger wollen noch schnell raus, die Kurse rauschen immer schneller abwärts, was auch noch zuvor entspannte Anleger verunsichert, bis auch diese panisch werden. Irgendwann setzt Ernüchterung und Schockstarre ein. Nur wenige haben nun noch Nerven, um wieder zu kaufen. Oft pendeln die Märkte zunächst mit wenig Bewegung hin und her.

Aber was tun, wenn nun doch der richtig heftige Crash kommt? Eine nicht ganz einfach zu beantwortende Frage, denn oft lässt sich der Crash erst als solcher erkennen, wenn es bereits zu spät ist. Einige Verluste werden Sie deswegen dann wahrscheinlich so oder so machen, bzw. werden Sie einen Teil Ihrer Gewinne verlieren (je nachdem, wie lange Sie schon Gewinne angesammelt haben). Verlieren Sie nun nicht ganz Ihre Nerven, denn Ihr Geld ist noch nicht verloren, solange Sie nicht auf den Verkaufen-Button geklickt haben. Außerdem passiert ein Crash meistens in Etappen. Crasht es also und die aktuelle Nachrichtenlage begründet dies auch, sollten Sie bedenken, dass der Kurs fast immer nach der ersten großen Abwärtsbewegung wieder einige Prozentpunkte hochgeht. Warten Sie also mindestens auf diesen Rebound, um Ihre Papiere loszuwerden. Damit sichern Sie sich immerhin einige Prozente weniger Verlust.

Schauen Sie außerdem, ob die Kurse weiter als 20 % vom Hochpunkt fallen. Denn erst bei über 20 % Minus gehen die Märkte in einen Bärenmarkt über. So hat es zumindest die Vergangenheit gelehrt. Sollte der Kurs bei etwa Minus 20 % drehen und sich ein neuer Aufwärtstrend zeigen, sind dies eher Kaufkurse. Allerdings sollten Sie hier eine Stop-Loss-Order setzen, denn diese beginnende Aufwärtsphase ist immer wieder von Rücksetzern geprägt. Die Marktteilnehmer sind noch nervös und verkaufen beim kleinsten Anzeichen von Schwäche.

Trotz allem ist auch ein richtiger Crash meistens bereits nach wenigen Jahren wieder ausgebügelt. Also sind die Kurse (besser gesagt die Kurse der Indizes) dann bereits wieder auf dem Niveau wie vor dem Crash und ein neuer Crash ist in weiter Ferne. Daher ist ein Crash für langfristige Anleger gar nicht so schlimm.

Die andere Seite des Blatts ist FOMO. Dies bedeutet Fear Of Missing Out, also ins Deutsche übersetzt: Die Angst, etwas zu verpassen. Diese entsteht, wenn die Kurse schon eine ganze Zeit lang in einem Bullenmarkt sind und vor allem dann, wenn die Presse aufspringt. Alle reden nur noch von dem Bullenmarkt, vielleicht hören Sie auch von Freunden, wie viel Plus diese schon gemacht haben. Daher steigen Sie nun auch noch ein. Doch dann fallen kurze Zeit später die Kurse.

Persönlich muss ich Ihnen sagen, dass das Verhalten bei FOMO viel schwerer ist als bei einem Crash. Denn es ist extrem schwer zu ermitteln, wann man besser dem Markt fernbleibt.

Ich habe die Erfahrung gemacht, dass man spätestens dann, wenn die Charts parabolische Formen annehmen und der Aufwärtstrend im 3. Monatsfenster praktisch 90 Grad nach oben zeigt, draußen bleiben sollte. Solche Charts sind nicht gesund. Auch sind Berichte in Medien wie der Bildzeitung, welche normalerweise so viel mit der Börsenberichterstattung zu tun haben wie ein Apfel mit einer Zitrone, ein Zeichen dafür, skeptisch zu werden. Viele Investoren warten auf solche Zeichen, denn mit dem Einstieg von Privatanlegern, welche normalerweise nicht an der Börse aktiv sind, erhalten die Kurse nochmal den letzten Schub nach oben. Kurz danach verkaufen dann die erfahreneren Anleger, um die maximalen Gewinne mitzunehmen. Die vor kurzem eingestiegenen Privatanleger sehen sich dann schnell fallenden Kursen gegenüber und sind schockiert, warum sie immer zum falschen Zeitpunkt kaufen.

Warten Sie dann einfach den Rücksetzer ab und steigen Sie ein, wenn sich die Kurse wieder aufwärtsbewegen.

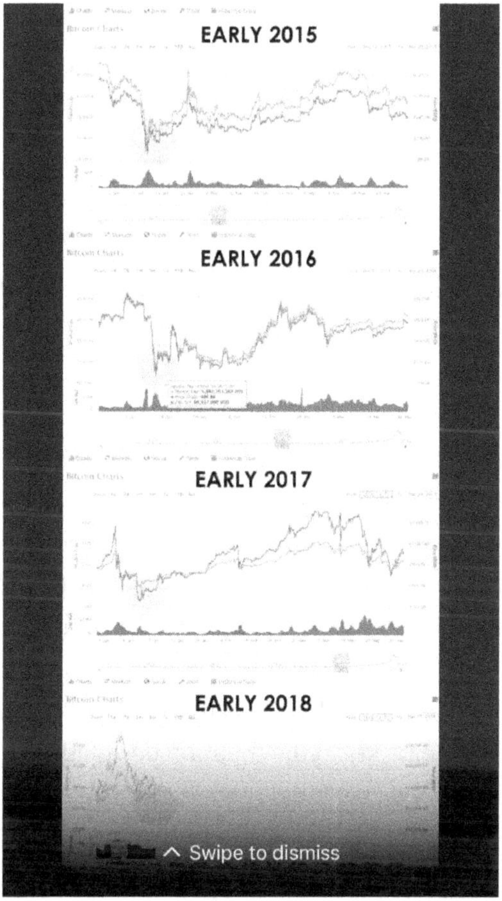
EARLY 2015
EARLY 2016
EARLY 2017
EARLY 2018
Swipe to dismiss

Der Einfluss der Zentralbanken

Die Zentralbanken beeinflussen das Börsengeschehen vor allem mit ihren Entscheidungen zu den jeweiligen Leitzinsen. Die Leitzinsen sind die Zinsen, zu denen sich Banken bei der jeweiligen Zentralbank Geld leihen können, um es dann über Kredite an z. B. Unternehmen weiterreichen zu können. Dabei beeinflusst der Leitzins die Börsen, weil man annimmt, dass niedrige Leitzinsen auch zu günstigeren Kreditkonditionen führen und somit Unternehmen günstig Schulden aufnehmen können, um in Forschung oder neue Produktionsanlagen zu investieren, und somit die Wirtschaft auf längere Sicht ankurbeln, da so neu oder mehr produziert werden kann. Diese neuen Produkte werden von Konsumenten gekauft (auch weil es auf Sparbücher keine Zinsen mehr gibt und es sich somit eher lohnt, Geld auszugeben), wodurch mehr Warenumschlag stattfindet, welcher den Unternehmen wiederum Geld einbringt. Die Wirtschaft wird also angetrieben. Gleichzeitig steigt die Inflation des Geldes.

Hingegen kann eine Leitzinserhöhung dann nötig sein, wenn die Wirtschaft heißläuft, die Inflation zu stark steigt. Die höheren Zinsen verleiten Konsumenten dann eher dazu, ihr Geld nicht auszugeben, da es z. B. auf Sparbücher auch höhere Zinsen gibt und sich somit Sparen lohnt. Dem Wirtschaftszyklus wird somit Geld entzogen.

Niedrige Zinsen bedeuten für die Börsen also erstens: Die Unternehmen investieren in Wachstum, was sich wahrscheinlich auch in Zukunft positiv für das Unternehmen auswirken wird

Und zweitens: Da es keine Zinsen auf Sparanlagen gibt, investieren mehr Leute in Aktien, was die Kurse zusätzlich treibt.

Doch in jüngerer Vergangenheit haben die sogenannten QE-Pakete ebenfalls Einfluss auf die Märkte gehabt. Bei einem QE-Paket werfen die

Notenbanken die Gelddruckmaschine an und nutzen dieses Geld, um damit Anleihen zu kaufen. Die Zentralbanken treten dabei bisher nur als Käufer von Staatsanleihen mit bester Bonität auf. Ob diese Kauftätigkeiten noch auf andere Papiere ausgeweitet werden, um weiterhin die Wirtschaft zu stimulieren, kann nur vermutet werden.

Vor allem nach einem Beschluss oder der Bekanntgabe zu der Umsetzung der QE-Produkte kam es in der Vergangenheit immer wieder zum Auftakt großer Aufwärtsbewegungen der Kurse an den Börsen.

Beispielsweise war es so, dass nach der ersten QE-Bekanntgabe der Federal Reserve in den USA der Kurs um etwa 50 % zulegen konnte. Als 2010 die Euphorie abflachte und es zu erneuten Sorgen zur Konjunktur kam, wurde wenige Zeit später, am 27.08.2010, das QE-2-Paket beim globalen Branchentreff der Notenbanken in Jackson Hole beschlossen. Dies führte direkt zu neuen Kursanstiegen von bis zu weiteren 30 %. Ebenfalls beeinflusste dieser Anstieg neben dem US-Markt auch andere Märkte, wie die Rohstoffmärkte oder auch die Emerging Markets, welche ebenfalls stiegen.

Anlagestrategien

Einige ausgewählte Strategien sollen Ihnen nicht vorenthalten werden. Es gibt jedoch wahrscheinlich fast so viele Strategien wie Indizes. Das Problem ist nur, dass man der Strategie treu bleiben muss, damit diese funktioniert. Hier nun eine Auswahl:

BUY AND HOLD

Einfach gesagt: Kaufen und drin bleiben – egal was passiert. Diese Strategie baut allerdings auf der Buy-the-Dip-Strategie auf. Man versucht also Aktien zu finden, welche gerade günstig sind, und bleibt dann sehr lange investiert und vertraut darauf, dass die Märkte generell immer weiter steigen. Im Grunde zahlt sich diese Strategie aus. Allerdings ist sie nur etwas für langfristige Investoren.

Sobald die Kurse für Sie genug gestiegen sind, können Sie verkaufen und sich über den Gewinn freuen. Man muss hier allerdings trotzdem Grenzen setzen, denn ein häufiger Fehler von vielen Anlegern und Händlern ist es, eventuelle Verluste aussitzen zu wollen. Wenn eine Aktie immer weiter fällt und nicht wieder steigen will, ist es sinnvoller, Verluste zu realisieren, als immer weiter ins Minus zu gleiten. Setzen Sie sich daher vorher einen Stop-Loss. Auch wenn nur im Geiste. Beobachten Sie auch die Nachrichten und Finanzberichte zu den Unternehmen, wenn hier keine Besserung in Aussicht ist, macht es keinen Sinn, weiter im Markt zu bleiben.

Ein Tipp zu der Buy-and-Hold-Strategie ist es, das anfangs investierte Geld wieder aus dem Markt zu nehmen, sobald Ihre Aktien genug gestiegen sind. Somit ist Ihr Risiko, Minus zu machen, ab diesem Punkt tatsächlich bei 0 %.

Dies bedeutet also, dass Sie für 1000 EUR eine Aktie oder einen ETF kaufen. Sobald das Papier um 100 % gestiegen ist (ja, dies kann etwas dauern), verkaufen Sie so viele Anteile, dass Sie 1000 EUR realisieren.

Nun haben Sie Ihr Anfangsinvestment wieder, aber noch immer Anteile, welche weiter steigen können. Ein Crash wäre nun zwar ärgerlich, aber Sie haben sozusagen kein Geld verloren.

DIVIDENDENSTRATEGIE

Bei dieser Strategie geht es nur nebensächlich um den Kursgewinn der Aktien. Diese Strategie zielt darauf ab, dass die Unternehmen, deren Aktien man hält, regelmäßig Dividenden auszahlen. Bei vielen Unternehmen geschieht dies über Jahrzehnte und bis um die 3,5 % pro Aktie. Man sollte bei der Auswahl der Unternehmen jedoch nicht unbedingt die Unternehmen mit der höchsten Dividende auswählen, sondern die, die bereits seit Jahrzehnten eine kontinuierliche Dividende zahlen. Daher eher Unternehmen, welche schon seit 20 Jahren 2 % an Dividende zahlen, wählen, als Firmen, welche in den letzten 3 Jahren 5 % gezahlt haben und dafür vorher nie. Diese Strategie lohnt sich jedoch eigentlich nur, wenn Sie große Summen anlegen, sodass Sie von den Dividenden andere Dinge finanzieren können. Und nur für sehr langfristige Anlagen. Denn von Kursverlusten dürfen Sie sich nicht stören lassen. Kursgewinne hingegen sind eine Art Extra, welche Sie aber eigentlich nicht wahrnehmen, da Sie ja auf die Dividenden abzielen, und dafür müssen Sie Ihre Papiere halten.

Um interessante Unternehmen zu ermitteln, kann Ihnen auch die Dividendenrendite helfen. Schauen Sie dazu im Kapitel zur Fundamentalanalyse nach.

Daher müssen Sie, falls Sie diese Strategie fahren wollen, auch wirklich daran festhalten. Wenn Sie hin und wieder mal Kursgewinne mitnehmen wollen, sind Sie nicht mehr in der Dividendenstrategie. Wie gesagt ist diese Strategie nur bei großen Anlagesummen möglich. Wer pro Dividendenzahlung 500 EUR erhalten möchte, muss schon etwa 15.000 EUR investieren. Es gibt auch einige ETFs, welche auf eine Dividendenstrategie setzen. Hier sind bereits dividendenstarke

Unternehmen aus verschiedenen Regionen ausgewählt und man muss nicht mehr selber recherchieren.

BUY THE DIP UND VALUE INVESTING

Diese Strategie ist antizyklisch. Das bedeutet, dass Sie dann kaufen, wenn Aktien ausgebombt sind. Also gerade in einem starken Kursverfall sind. Auch wenn dies einfach klingt, gibt es einiges zu beachten. Zunächst müssen Sie hier aufpassen, nicht in ein fallendes Messer zu greifen. Warten Sie definitiv auf ein charttechnisches Kaufsignal, bevor Sie zuschlagen. Ein kurzes wieder nach oben Drehen der Kurse nach einem starken Abverkauf ist normal und kann eher eine Bärenfahne sein.
Schauen Sie sich auch vorher das Unternehmen und die Nachrichten etwas an.

- Ist der Abverkauf gerechtfertigt?
- Was hat den Abverkauf ausgelöst?
- Kann das Unternehmen auch Strafzahlungen relativ schmerzfrei wegstecken oder würden diese das Unternehmen an den Rand der Insolvenz führen?
- Hat das Unternehmen ein aufrichtiges Management?
- Womit macht das Unternehmen seinen Umsatz?
- Macht das Unternehmen seit Jahren einen Gewinn oder verliert es eigentlich dauerhaft Geld, um z. B. zu wachsen oder eine neue Technologie zu finanzieren?

Ein Stichwort dabei sind Value-Werte. Diese sind Aktien von Unternehmen, welche seit Jahrzehnten stabil sind und ihren Gewinn aus Produkten erzielen, welche mehr oder weniger von jedermann gebraucht werden. Sie haben daher einen kontinuierlichen Umsatz und müssen nicht auf schnelle Hypes setzen.

Machen Sie sich also ein Bild von dem Unternehmen und der wirtschaftlichen Verfassung. Die Aktiengesellschaft muss dabei profitabel arbeiten und ihre Umsätze und Gewinne möglichst über die letzten Jahre und Jahrzehnte immer weiter gesteigert haben. Um eine Problem- und Schwächephase durchzustehen, sollte sich das Unternehmen in einer soliden finanziellen Situation befinden, also fast gar nicht oder nur ein wenig verschuldet sein und über ausreichende finanzielle Mittel verfügen, um eine Problemphase zu überwinden.

Ebenfalls wichtig für den Value-Ansatz ist es, ob der Preis nach einem Abverkauf unter dem Inneren Wert des Unternehmens liegt. Diese Frage ist nicht ganz leicht zu beantworten.

Eine Hilfe kann dabei der Discounted Free Cashflow oder DFCF sein. Hierbei werden die zukünftigen freien Geldflüsse eines Unternehmens geschätzt und dann mit einem vergleichbaren Unternehmen oder einer alternativen Anlage verglichen und deren Zins auf die Gegenwart geschätzt.
Da hier aber eine Schätzung auf einer Schätzung beruht, ist diese Idee oft nicht sehr genau. Eine andere Idee kann auch das KGV der Aktien des Unternehmens sein und somit als Hilfe dienen. Lesen Sie dazu im Kapitel zum KGV.

Erfüllt das Unternehmen diese Anforderungen also, dann löst eine schlechte Nachricht auch bei solch gut aufgestellten Unternehmen bei vielen Anlegern erst einmal Panik aus und es wird verkauft. Im Nachhinein bieten dann aber diese niedrigen Kurse Kaufgelegenheiten. Vor allem für langfristige Anlagedauern ist dies eine gute Strategie. Aber auch für kürzere Anlagedauern, bei denen Sie nur den Rebound der Kurse mitnehmen wollen.

Ist Ihnen das zu viel Recherchearbeit? Natürlich gibt es mittlerweile auch Indizes, die nur Value-Unternehmen beinhalten und diverse ETFs, die dann diese Indizes abbilden. Damit können Sie den Experten die Auswahl überlassen.

TRENDSURFING

Diese Strategie finde ich persönlich sehr erfolgreich. Um diese Strategie anzuwenden, müssen Sie allerdings ein wenig Charts lesen können und auch dazu bereit sein, sich regelmäßig mit den Charts zu beschäftigen.
Diese Strategie eignet sich für alle Anlegertypen, lediglich die Zeitebenen, in denen Sie die Trends ausmachen, unterscheiden sich für die Anlegertypen. Als kurzfristiger Anleger beobachten Sie eher auf Stunden- und Tagesbasis, mittelfristige Anleger schauen auf Tages- und Wochenbasis und langfristige Anleger auf Wochenbasis aufwärts.

Ein Trend liegt immer dann vor, wenn der letzte Schlusskurs Ihrer Zeitebene über dem vorherigen Hoch liegt und das letzte Tief ebenfalls über dem vorherigen Tief. Dies wäre ein Aufwärtstrend. Als Einstiegspunkt bietet sich dabei immer der Ausbruch des Kurses über das letzte Hoch an. Als Stop-Loss dient das Unterschreiten des letzten Tiefs. Den Stop-Loss können Sie dabei dann auch immer nachziehen, sobald ein weiteres Hoch erreicht wurde. Somit bleiben Sie im Markt und kassieren Gewinne und sobald der Trend bricht, steigen Sie automatisch aus. Analog liegt ein Abwärtstrend vor, wenn das letzte Hoch unter dem vorherigen Hoch liegt und das letzte Tief unter dem vorherigen Tief.

Natürlich ist jedoch auch diese Strategie nicht 100 % sicher. Teilweise kommt es zu Fehlsignalen und der Kurs bricht nur kurz nach oben aus, um dann wieder zu drehen und sogar weiter zu fallen. Dies nennt man dann auch Bullenfalle.

Aktien kaufen - Praxisbeispiel

Im Folgenden wird Ihnen der Prozess des Kaufs einer Aktie anhand eines Beispiels erläutert. Zu jedem Schritt erhalten Sie dabei wertvolle Tipps, auf welche Sie besonders achten sollten, damit sich Ihr Aktienkauf am Ende als profitabel erweist. Als Praxisbeispiel dient vorliegend die Aktie der Volkswagen AG. An dieser Stelle sei erwähnt, dass diese Auswahl willkürlich ist und keinesfalls eine Empfehlung zum Kauf darstellen soll.

Schritt 1: Aktiendepot eröffnen

Um überhaupt eine Aktie kaufen zu können, brauchen Sie zunächst einmal ein Depot. Ein Depot ist im Grunde nichts anderes als ein Konto, auf welches Sie Monat für Monat beispielsweise Ihre Gehaltszahlungen empfangen und von welchem aus Sie regelmäßig Ihre Rechnungen begleichen. In ähnlicher Weise werden auf einem Depot die Bestände Ihrer erworbenen Aktien sozusagen „gelagert". Zudem werden über das Depot auch die Käufe und Verkäufe Ihrer Aktien abgewickelt.

Ein Depot können Sie entweder über eine Bankfiliale, zum Beispiel über Ihre Hausbank, oder über einen sogenannten Online-Broker eröffnen. Bei letzterem handelt es sich um eine Online-Bank beziehungsweise ein Online-Kreditinstitut, welches ausschließlich im Internet präsent ist und keine lokalen Filialen aufweist.

Der Vorteil, ein Depot über Ihre Hausbank zu eröffnen, liegt auf der Hand: Sie haben hier bereits ein Girokonto und können sich individuell über Ihr Aktienvorhaben beraten lassen. Jedoch fallen dabei Gebühren für die Depotführung an, die nicht unbedingt niedrig sind. Und hier liegt der große Vorteil von Online-Brokern: Die Eröffnung und Führung eines Depots ist hier sehr günstig, wobei es sogar Anbieter gibt, bei denen es kostenlos ist. Beliebt sind hier vor allem die Consorsbank, die ING und flatex. Die Führung eines Depots ist bei allen drei Brokern kostenfrei. Auf jegliche Beratung müssen Sie hier jedoch verzichten. Neben Ihrem Depot müssen Sie bei Ihrem gewählten Online-Broker allerdings zusätzlich auch ein Konto eröffnen, über welches Ihre Aktienkäufe abgegolten werden. Dafür müssen Sie dann von Ihrem Hauptkonto zunächst Guthaben auf dieses Verrechnungskonto übertragen, denn andernfalls können Sie keinen Aktienhandel betreiben. Doch auch bei Online-Brokern ist das „Traden" – das Kaufen und Verkaufen von Aktien – nicht völlig gebührenfrei. Sowohl Bankfilialen als auch Online-Broker berechnen pro „Trade" Gebühren, die von Anbieter zu Anbieter unterschiedlich ausfallen. Natürlich fallen diese Gebühren bei Filialbanken in der Regel wesentlich höher aus, doch auch bei Online-Brokern können Sie durchaus beachtlich sein. Achten Sie bei der Wahl Ihres Online-Brokers also unbedingt auf die Konditionen.

Für die nachfolgenden Schritte wurde der Online-Broker Consorsbank ausgewählt. Auch diese Auswahl soll nicht als ausdrückliche Empfehlung verstanden werden, sondern dient lediglich Erklärungszwecken. Da sich die Benutzeroberflächen beziehungsweise die Systeme von Brokern im Großen und Ganzen ähneln, lassen sich die folgenden Ausführungen auch problemlos auf andere Online-Broker anwenden.

Schritt 2: Potenzielle Aktie suchen und auswählen

Wir nehmen also an, dass Sie sich für die Volkswagen-Aktie interessieren. Nun gehen Sie auf die Webseite Ihres Online-Brokers – hier also jene der Consorsbank – und geben oben rechts in die Suchmaske „Volkswagen" ein. Es erscheint eine Liste, in welcher Sie die entsprechende Aktie auswählen. Zunächst gelangen Sie nun auf eine Übersichtsseite, auf welcher Sie sich noch einmal ausführlich über die Aktie der Volkswagen AG informieren können. Beispielsweise können Sie sich das Firmenprofil anschauen, bestimmte Kennzahlen einsehen oder die aktuelle

Kursentwicklung sowie die Entwicklungen der letzten sechs Monate anhand von übersichtlichen Diagrammen analysieren.

Nun klicken Sie oben rechts auf „Kaufen" und es erscheint die Seite „Order erteilen". Als „Order" wird übrigens in der Börsensprache schlicht ein Handelsauftrag bezeichnet. Ein Aktienkauf ist demnach eine Kauforder, ein Aktienverkauf eine Verkaufsorder. In der ersten Zeile finden Sie dementsprechend die Orderart, welche bereits auf „Kaufen" gesetzt ist. Darunter befindet sich der Name der Aktie mit ihrer Wertpapierkennnummer (WKN) und ihrer Internationalen Wertpapierkennnummer (ISIN). In unserem Beispiel sieht das wie folgt aus:

VOLKSWAGEN AG VZ
WKN: 766403 ISIN: DE0007664039

Diese Kennnummern dienen der eindeutigen Identifikation der jeweiligen Aktie. In den darunter liegenden beiden Zeilen ist noch das Depot, über welches Sie „traden" – in unserem Beispiel die Consorsbank – und Ihr entsprechendes Abrechnungskonto aufgeführt.

Schritt 3: Handelsplatz auswählen

Unter der Zeile „Abrechnungskonto" finden Sie schließlich den „Handelsplatz", welcher den Ort bezeichnet, an dem Sie Ihre Aktie kaufen möchten. Und hier werden Sie nun aktiv. Den geeigneten Handelsplatz auszuwählen ist wohl der wichtigste Schritt beim Aktienkauf. Sie haben zwei Optionen: Entweder ordern Sie über den Börsenhandel oder Sie kaufen die Aktie über den außerbörslichen Direkthandel.

Im Rahmen des Börsenhandels findet der Aktienkauf direkt an der Börse statt, beispielsweise über die Börse in Frankfurt und dessen elektronisches Handelssystem Xetra oder auch über die Börsen in Stuttgart, Hamburg oder München. Im Gegensatz dazu handelt es sich bei außerbörslichem Direkthandel (auch OTC-Handel genannt) um einen Aktienkauf über einen Anbieter. Zu nennen sind an dieser Stelle beispielsweise die populären Anbieter „Tradegate", „Baader Bank" oder auch

„Lang und Schwarz". Der Vorteil ist hier, dass die Börsengebühren entfallen, doch dafür sind die Kaufpreise der Aktien oft höher als direkt an der Börse. Zudem sind die Liquidität und das Handelsvolumen meist geringer als beim Börsenhandel und folglich besteht für Aktienkäufer ein höheres Risiko. Das heißt für unser Beispiel, dass es im Vergleich zum Börsenhandel weniger Marktteilnehmer gibt, die in Erwägung ziehen, eine oder mehrere Aktien der Volkswagen AG zu erwerben. Dementsprechend befinden sich natürlich auch weniger Aktien der Volkswagen AG auf diesen Handelsplätzen im Umlauf.

Wenn Sie nun auf die entsprechende Schaltfläche für „Handelsplatz" klicken, öffnet sich ein Fenster, in welchem verschiedene Handelsplätze gelistet werden. Hier können Sie nun die Konditionen der unterschiedlichen Handelsplätze vergleichen und sich am Ende für einen entscheiden. Exemplarisch vergleichen wir hier die beiden Handelsplätze „Tradegate" und „Xetra". Zunächst einmal sollten Sie sich den aktuellen Kaufkurs und den aktuellen Verkaufskurs anschauen. Der Kaufkurs – auch Geldkurs genannt – ist dabei der Preis, den Sie aktuell für eine Aktie der Volkswagen AG zahlen müssen.

Der Verkaufskurs hingegen – auch Briefkurs genannt – entspricht dem Wert, den Sie erhalten könnten, wenn Sie eine Aktie der Volkswagen AG jetzt verkaufen würden. Des Weiteren sollten Sie die Handelsspanne, den sogenannten „Spread", beachten, denn dieser gibt Aufschluss über die Liquidität Ihrer potenziellen Aktie auf dem jeweiligen Handelsplatz. Es handelt sich dabei um die Differenz zwischen dem Kaufkurs und dem Verkaufskurs. Je niedriger dieser Spread ist, desto höher fällt die Liquidität der Aktie aus. Der Kauf einer Aktie mit einem niedrigen Spread ist vergleichsweise risikoarm, denn je höher die Liquidität der Aktie, desto stärker wird sie gehandelt.

Für unser Beispiel nehmen wir an, dass auf dem Handelsplatz Tradegate (OTC) der Kaufkurs der Volkswagen-Aktie aktuell bei 1.305,55 Euro liegt. Der Verkaufskurs liegt hingegen bei 1.304,02 Euro.

Damit ergibt sich ein Spread von 1,53. Auf dem Handelsplatz Xetra (Börsenhandel) liegt der Kaufkurs der Volkswagen-Aktie gerade bei 1.309,95 Euro und der Verkaufskurs liegt bei 1.308,53 Euro. Der Spread beträgt hier also 1,42. Sie sehen, dass in diesem Fall der Kaufpreis beim außerbörslichen Direkthandel günstiger ausfällt. Auch wenn der Spread von Tradegate ein höheres Risiko andeutet als bei Xetra – man vergleiche den Spread von 1,53 gegenüber dem Spread von 1,42 – haben Sie im Hinterkopf, dass beim außerbörslichen Direkthandel ja ohnehin eine niedrigere Liquidität besteht als beim Börsenhandel. Außerdem wissen Sie, dass beim außerbörslichen Direkthandel die Börsengebühren entfallen. Aufgrund des Kaufkurses und der entfallenden Gebühren entscheiden Sie sich also in unserem Beispiel für den außerbörslichen Direktpartner Tradegate und wählen diesen in der Liste aus.

Übrigens können Sie in der Handelsplatz-Liste auch die einzelnen Handelsplätze anklicken, um jeweils die zusätzlichen Kosten einzusehen. Bei unserem Online-Broker Consorsbank fallen beim außerbörslichen Direkthandel und somit auch bei Tradegate keine zusätzlichen Kosten an, während bei Xetra zusätzlich 1,50 Euro berechnet werden. Für andere Börsen wie beispielsweise Hamburg betragen die Zusatzkosten sogar 2,50 Euro zuzüglich der Maklercourtage sowie der Transaktions- und Handelskosten. Diese zusätzlichen Kosten unterscheiden sich aber von Broker zu Broker, da jeder Broker andere Verträge mit bestimmten Handelsplätzen besitzt. Deshalb sollten Sie diese Informationen immer auf den Seiten Ihres gewählten Brokers einholen.

Schritt 4: Stückzahl wählen

Als Nächstes müssen Sie die Aktien-Stückzahl auswählen. Sie müssen sich also überlegen, wie viele Stücke der Aktie Sie kaufen möchten. Sie können hier entweder direkt die gewünschte Stückzahl angeben oder Sie tragen einen Betrag in Euro ein, für welchen Sie Aktien-Anteile kaufen möchten. Wenn Sie einen Euro-Betrag eingeben, zeigt Ihnen das

System von Consorsbank automatisch, wie viele Stücke der Aktie Sie für den jeweiligen Betrag bekommen. Analog können Sie dies natürlich auch selbst berechnen: Wenn Sie beispielsweise 4.000 Euro in die Aktie der Volkswagen AG investieren möchten, ergibt der Quotient dieses Betrags und des aktuellen Kaufkurses die Stückzahl der Aktie, also 4.000 Euro/ 1.302,55 Euro = 3,07. Dann wird der Betrag auf- beziehungsweise abgerundet, um auf eine ganze Stückzahl zu kommen. Sie können nämlich immer nur eine ganze Aktie erwerben, nicht etwa eine halbe oder gar ein Viertel von ihr. Für unser Beispiel gehen wir vereinfacht davon aus, dass Sie genau eine Aktie der Volkswagen AG erwerben. Aufgrund der anfallenden Ordergebühren ist es in der Praxis natürlich nicht sinnvoll beziehungsweise rentabel, nur eine einzige Volkswagen-Aktie zu erwerben.

Schritt 5: Limit setzen

Nun haben Sie die Möglichkeit, dem Kaufpreis Ihrer Aktie ein Limit zu setzen. Dabei legen Sie fest, welchen Betrag Sie maximal bereit sind, für die Aktie zu zahlen. Bevor Sie ein Limit setzen, sollten Sie in der Zeile darüber auf „Kurs aktualisieren" klicken, da sich Kurse innerhalb von Minuten ändern können und Sie Ihr Limit dann genau auf den aktuellen Kurs anpassen können. Bei einem aktuellen Kaufkurs der Volkswagen-Aktie von 1.305,55 € geben Sie beispielsweise in das entsprechende Eingabefeld ein Limit von 1.306 Euro ein. Das bedeutet dann, dass Sie nicht mehr bezahlen möchten als 1.306,00 Euro und Sie vermeiden, die Aktie gegebenenfalls zu teuer zu erwerben. Natürlich können Sie bei Ihrem Limit frei wählen, dieser Betrag dient hier nur exemplarisch.

Schritt 6: Gültigkeit der Order festlegen

Zuletzt legen Sie noch fest, wie lange die Order im sogenannten Orderbuch eingetragen sein soll. Im Orderbuch werden alle Kauf- und Verkaufsorder eingetragen, um damit die Kurse festzulegen beziehungsweise zu ermitteln. Sie können hier beispielsweise „Monatsende", „Tagesgültig" oder auch ein bestimmtes Datum festlegen.

Schritt 7: Order prüfen

Nun haben Sie alle notwendigen Daten für den Kauf Ihrer Aktie festgelegt. Klicken Sie auf „Weiter zur Tan-Eingabe", um die Order anzulegen. Bevor Letzteres geschieht, gelangen Sie auf eine Seite, auf der Sie noch einmal Ihre eingegebenen Daten überprüfen können. Hier sehen Sie dann auch die anfallenden Gebühren für Ihren Aktienkauf. Diese belaufen sich bei unserer Volkswagen-Aktie auf insgesamt 18,03 Euro. Um zu sehen, aus welchen Kosten sich die Gesamtkosten im Einzelnen zusammensetzen, können Sie hinter „Ordergebühren" auf „Kostendetails" klicken und es öffnet sich ein weiteres Fenster. Hier sehen Sie zunächst die Einstiegskosten, also die Kosten, die beim Kauf der Volkswagen-Aktie anfallen.

Diese betragen 0,69 % vom Kaufkurs und belaufen sich dementsprechend auf 9,01 Euro. Darunter finden Sie die Grundgebühr in Höhe von 0,35 % des Kaufkurses, also 4,57 Euro. Zuletzt fällt noch die Provision an, ebenfalls in Höhe von 0,35 % des Kaufkurses und damit in Höhe von 4,57 Euro. Hätten Sie die Aktie nun beispielsweise über den Handelsplatz Xetra geordert, wäre hier zusätzlich noch die Börsengebühr aufgeführt, im Fall von Xetra also 1,50 Euro.

Schritt 8: Aktie kaufen

Um die Aktie nun kaufen zu können, fordern Sie unterhalb der Zusammenfassung Ihrer Orderdaten durch einen Klick auf „Mobile Tan anfordern" eine Mobile Tan an, tragen diese anschließend in das entsprechende Eingabefeld ein und bestätigen den Vorgang. Nun wird Ihnen die Meldung „Die Order wurde erfolgreich angelegt" gezeigt. Das bedeutet, dass Ihre Order im Markt aufgegeben wurde und sie nun im Orderbuch aufgeführt ist, sofern der Kaufpreis nicht Ihr Limit übersteigt. Sollte der Kaufkurs aktuell Ihr Limit übersteigen, wird die Order ausgeführt, sobald der Kaufkurs Ihrem Limit entspricht oder sich unterhalb Ihres Limits befindet.

Tipp für Aktien-Neulinge

Sollten Sie ein Anfänger in Sachen Aktienkauf sein, haben Sie die Möglichkeit, den Kauf von Aktien erst einmal kostenlos zu üben, ohne irgendwelche aus Unwissenheit oder Unkenntnis resultierenden Risiken einzugehen. Dies funktioniert mit Hilfe eines Musterdepots. Hierbei handelt es sich um eine fiktive Plattform, auf der Sie mit virtuellem Geld in Aktien investieren können. Die Aktienkurse leiten sich dabei aber praktischerweise von jenen des realen Börsenmarktes ab. Ein Musterdepot können Sie übrigens auch als erfahrener Aktienkäufer nutzen, um beispielsweise neue Strategien zu entwickeln oder zu testen. Als empfehlenswerte Anbieter sind an dieser Stelle die Musterdepots von ING und Comdirekt zu nennen.

Depotaufbau und Diversifikation

Wenn Sie bereits am Finanzmarkt aktiv sind und ein eigenes Depot haben, sollten Sie nie alles auf eine Karte setzen. Und wenn Sie neu am Markt sind, sollten Sie diese Zeilen vorher lesen und vor dem Investment bedenken.

Denn, wenn Sie alles auf eine Karte setzen, z. B. Ihr Lieblingsunternehmen, würden im Falle eines Rückfalls dieser einen Aktie die Verluste direkt spürbar werden. Es ist daher besser, Ihr angelegtes Geld auf mehrere verschiedene Aktien und Produkte zu verteilen. Es also zu diversifizieren.

Durch eine Diversifikation in unterschiedliche Anlageklassen oder Branchen und Regionen lassen sich Verluste einiger Positionen durch Gewinne anderer Positionen auffangen und schlagen somit nicht so dramatisch zu Buche. Zum Beispiel könnte es so ablaufen:

Ohne Diversifikation:

Sie haben nur Aktien von einem im DAX gelisteten Autokonzern. Dort haben Sie eine größere Summe angelegt. Sagen wir 10000 EUR. Nun kommt es zu einem Skandal wie vor einigen Jahren bei VW und der Kurs der Aktie bricht in kurzer Zeit um 10 % ein. Damit hätte Sie direkt einen Verlust von 1000 EUR gemacht (sofern Sie dann verkaufen).

Mit Diversifikation:

Sie haben wieder 10000 EUR investiert. Diesmal jedoch 2000 EUR in Ihren Automobilkonzern, 3000 EUR in einen ETF auf den DAX und 5000 EUR auf einen ETF, der weltweit Aktien abbildet (wie den MSCI World, welcher bis zu 1600 Aktien enthält.)

Nun kommt es wieder zum Skandal. Ihre Aktien des Automobilkonzerns verlieren 10 %. Sie verlieren nun aber nur 200 EUR mit dieser Position.

Sagen wir nun, andere Unternehmen im Dax laufen sehr gut und der DAX gewinnt in dieser Zeit und steigt um 2 % und der Weltwirtschaft geht es gut und der MSCI World legt sogar um 3,5 % zu.

Damit werden die Verluste des Automobilkonzerns komplett aufgefangen und Sie stehen sogar noch mit 35 EUR Plus da.

Position	Anteil am Depot in %	Anteil am Depot [EUR]	Gewinn/ Verlust/ Position in %	Gewinn/ Verlust/ Position [EUR]
Automo-bilkonzern	20 %	2000	- 10 %	-200
DAX ETF	30 %	3000	+ 2 %	+60
MSCI World ETF	50 %	5000	+ 3,5 %	+17 5
Gesamt-gewinn/ Verlust [EUR]				**+ 35**

Tabelle 2: Beispieldepot mit Diversifikation.

Dies ist Diversifikation eines Depots. Es ist daher sehr sinnvoll, eine bunte Mischung an Aktien im Depot zu haben oder direkt ETFs oder Fonds zu kaufen, welche in sich selbst schon gut diversifiziert sind. Auch kann es sinnvoll sein, ETFs und Fonds von verschiedenen Anbietern zu kaufen. Das reduziert das Ausfallrisiko durch den Herausgeber. Wobei die meisten Herausgeber große Banken und Geldinstitute sind, welche im Grunde als stabil zu bewerten sind.

Praktische Informationsquellen für Ihren Handel

Ohne Werbung machen zu wollen und ohne für den Inhalt der Quellen oder deren Verfügbarkeit verantwortlich zu sein.

go.guidants.com

Eine der besten freien Angebote im Netz, um Charts im Auge zu behalten.

finanzen.net

Weitreichende Informationen und Nachrichten zu Börse und Geld. Auch mit starker Such-Engine, mit welcher Sie alle Informationen zu Ihren Anlageprodukten finden, mit eigener Suchmaschine, um ETFs nach diversen Bedingungen zu filtern.

finanzmarktwelt.de

Eine etwas andere und unabhängigere Finanzwebseite mit täglichen News und Kommentaren zu diversen Themen in der Finanzwelt. Auch teilweise sarkastisch angehaucht. Ein weiterer Vorteil sind der Trade des Tages und andere Signale, bei denen Sie fast täglich eine Handelsidee mit Kauf- und Verkaufsmarken präsentiert bekommen.

EINIGE WEITERE TIPPS ZU IHRER ANLAGE

1.: ERST EINMAL EINEN ÜBERBLICK VERSCHAFFEN

Kochen Sie sich einen Tee und nehmen Sie sich Ihre Ordner zu Ihren Finanzen vor, um sich einen Überblick zu verschaffen.

Denn zunächst sollten Sie abschätzen, wie viel Geld Sie anlegen möchten und wie viel Sie in nächster Zeit nicht direkt benötigen. Denn, Handel an der Börse ist immer eine Zeitsache. Große Gewinne entstehen in den meisten Fällen nicht über Nacht. Sehen Sie Ihr Investment also eher als ausgelagertes Geld, welches Ihnen eine Rendite bringt.

Nehmen Sie niemals Schulden auf, um an der Börse zu handeln. Sie sollten immer nur Geld an der Börse anlegen, auf welches Sie auch die nächste Zeit verzichten können und bei dem Sie sich vorher bereits festlegen, wie viel Verlust Sie verkraften können. Am besten sollten Sie komplett auf das angelegte Geld verzichten können. Vor allem sollten Sie niemals Geld an der Börse investieren, welches Sie für regelmäßige Zahlungen oder für eine dringende Anschaffung in nächster Zukunft gebrauchen könnten. Setzen Sie sich einen Stopp. Ob im Geiste oder als Order ist dabei nicht wichtig. Stopps von minus 2 % bis 10 % können sinnvoll sein. Je nach Anlagedauer. Bei längerer Anlagedauer eher 10 % als 2 %, da die Aktie mehr Zeit hat, sich zu erholen.

Sollten Sie vorher noch andere Schulden oder Kredite haben, welche Sie nicht durch Ihr Einkommen ohne Probleme decken können, ob es durch Studienkredite oder Ähnliches ist, sollten Sie diese zunächst so schnell wie möglich begleichen. Gehen Sie keine Finanzierungsverträge ein, die Ihre finanziellen Mittel übersteigen.

Auch kann Ihre berufliche Situation einen Einfluss haben. Wenn Sie zum Beispiel einen befristeten Arbeitsvertrag haben, sollten Sie keine Sparpläne abschließen, bei denen Sie nicht pausieren können. Im Falle einer temporären Arbeitslosigkeit müssen Sie so dann nicht auch noch den Sparplan finanzieren.

2.: PLANUNG

Machen Sie sich immer vor der Anlage einen genauen Plan darüber, was Sie mit Ihrer Anlage im Einzelnen erreichen wollen. Wollen Sie langfristig mit kleinen Beiträgen Monat für Monat in einen Sparplan investieren und sich somit langfristig ein Vermögen aufbauen, oder wollen Sie das schnelle Geld und spekulieren auf den Kursausbruch, mit dem Risiko, dass es eher zu einem Kursfall kommt? Wollen Sie einem Fondsmanager die Kontrolle überlassen oder mit einem ETF einfach mit dem Markt mitschwimmen?

Auch müssen Sie sich fragen, wie lange Sie anlegen möchten. Fonds und ETFs eignen sich z. B. eigentlich nur für eine Anlagedauer von einigen Jahren. Sparpläne eher Jahrzehnte. Aktien gehen auch mal monatsweise.

Gucken Sie sich die Produkte auch genau an. Es gibt immer ein Factsheet als PDF-Download mit den wichtigsten Eckpunkten und Kosten. Ein Fond ist z. B. im Allgemeinen immer teurer als ein ETF, da der Manager bezahlt werden muss.

3.: RISIKO UND RENDITE

Bedenken Sie immer, was Sie erreichen wollen. Bleiben Sie nur kurz am Markt, können Kursverluste weniger gut ausgeglichen werden als bei einem längeren Investment. Denn das längere Investment hat Zeit, den Verlust wieder auszugleichen. Je nach Größe des Verlusts ist dies oft auch mit Emotionen verbunden und es kann schwerfallen, den Verlust auszusitzen. Helfen kann dabei eine Stop-Order, welche Sie nach oder während des Kaufes Ihrem Broker mitteilen. Fällt der Kurs Ihres Wertpapiers unter eine bestimmte Schwelle, wird automatisch verkauft. Dies kann tiefere Verluste begrenzen oder ausschließen. Allerdings sind

Sie dann aus dem Markt raus und können auch nicht an einer Erholung partizipieren. Es macht daher Sinn, den Stop-Loss-Wert immer mal wieder nachzuziehen, sodass Sie im Falle eines Kursrückgangs trotzdem noch im Plus verkaufen, bevor Ihre Anlage ins Negative dreht. Anlagen über Jahre zahlen sich meistens besser aus. Selbst nach einem Crash liegt der Gesamtmarkt oft bereits nach ein paar Jahren wieder auf dem Niveau von vor dem Crash.

Wer immer wieder ein- und aussteigt, zahlt auch viel mehr an Gebühren an den Broker, da fast immer Gebühren pro Kauf und Verkauf anfallen. Es gibt auch die Börsenweisheit: Hin und Her macht Taschen leer.

Und da ist etwas dran. Setzen Sie also Ihren Stop-Loss nicht zu eng, damit Sie nicht ständig rausgekickt werden. Und vergessen Sie nicht, Ihr Depot zu kontrollieren, um zu sehen, ob Sie noch „drin" sind. Aber Achtung: Bei extremen Kursverlusten an der Börse kann es passieren, dass der Stop-Loss nicht immer direkt ausgeführt wird, weil alle verkaufen und sich kein Käufer für Ihre Papiere finden lässt. Auch sollten Sie ein- bis zweimal im Jahr Ihr Depot überprüfen und schauen, ob noch alles zu Ihrer Anlageidee passt oder ob Sie einige Gewinne realisieren und in andere Papiere umschichten wollen.

4.: KOSTEN IM AUGE BEHALTEN

Behalten Sie immer die Kosten von Anlageprodukten im Auge. So gibt es Unterschiede bei den Depotbanken, welche pro Order hohe Gebührenunterschiede verlangen. Die Ordergebühr nagt an Ihrem Gewinn. Wenn Sie beim Kauf und Verkauf jeweils 10 Euro an die Bank zahlen müssen, muss ihr Investment diese 20 Euro erstmal wieder erarbeiten, um auf 0 zu kommen. Auch gibt es große Unterschiede zwischen den Börsen, also z. B. Frankfurt und Stuttgart. Diese verlangen teilweise auch noch Gebühren.

Ebenfalls wollen die Anbieter von ETFs und Fonds auch noch Ihre Scheibe vom Brot. ETFs sind fast immer günstiger, da kein Manager bezahlt wird. Auch sind ETFs, welche Standartindizes wie den Dow Jones abbilden, wiederum oft viel günstiger als Spezial-ETFs, welche sich auf einzelne Branchen konzentrieren. Teilweise gibt es ETFs mit laufenden Kosten von nur 0,1 % pro Jahr. Bei Fonds ist es oft mehr als das 10-fache. Auch fallen Kosten durch den Spread an. Die Differenz zwischen Kauf- und Verkaufswert.

Der Spread verändert sich im Laufe eines Handelstages öfter. Mal liegt die Differenz zwischen Kauf und Verkaufskurs bei 2 %, mal nur bei 0,5 %. Direkt nach Handelsstart ist der Spread teilweise abstrus hoch. Genauso nach Handelsschluss der Börsen (ab 18 Uhr bzw. 22 Uhr).

Depotgebühren verlangen die meisten Broker heute nicht mehr. Sollte das bei Ihnen der Fall sein, können Sie ganz einfach mit Ihrem Depot umziehen. Dabei fallen keine Kosten an und Ihre Wertpapiere werden einfach ins neue Depot übertragen. Sie müssen also nichts verkaufen. Die Dokumente dafür gibt es normalerweise bei dem neuen Broker und Sie reichen diese ausgefüllt bei Ihrem alten Broker ein.

Schauen Sie neben den Kosten für Depot und Börse auch einmal, wo sonst noch unnötige Kosten anfallen. Wie sieht es z. B. mit den Gebühren für Ihr Girokonto aus? Lässt sich da etwas optimieren?

5: MAL ETWAS ANDERES TUN

Hin und wieder kann es vorteilhaft sein, ein wenig gegen den Strom zu schwimmen. Tun Sie nicht immer, was alle tun. Denn wenn fast alle Händler und Anleger immer dieselben Aktien oder Branchen kaufen, steigen hier zwar die Kurse stark an, doch irgendwann sind alle investiert und diese Anlagen steigen nicht wirklich weiter. Dann verlieren einige die Geduld und steigen aus, was die Kurse zu Fall bringen kann.

Suchen Sie sich daher auch hin und wieder Anlageklassen oder Branchen, von denen man gerade nichts oder nur sehr wenig liest und hört. Investieren Sie dort nicht Ihr ganzes Vermögen, aber zu einem kleinen Teil kann ein solches Investment einige Extrarenditen einfahren.

6.: EIN LETZTER TIPP ZU FINANZBERATERN

Trauen Sie nicht blind Beratern, Vermittlern und Verkäufern. Hinterfragen Sie diese gerne kritisch. Viele Finanzvermittler haben den Druck, Ihre eigenen Produkte zu verkaufen, da diese dann oft besser bezahlt werden. Dabei lassen die Berater oft bessere Produkte außen vor. Es macht daher Sinn, sich selbst mit den Produkten zu befassen. Beispielsweise versuchen Ihnen wahrscheinlich einige Berater eher Fonds als kostengünstigen ETFs zu empfehlen, da bei Fonds die Provision höher ausfällt. Es kann auch vorkommen, dass einige Berater andere eigene Ziele mit der Beratung verfolgen und somit Ihre Ziele nicht im Vordergrund stehen.

Teilweise werden jedoch auch unabhängige Beratungen angeboten. Diese werden zum Beispiel von den Verbraucherzentralen angeboten. Wenn Sie eine Beratung in Anspruch nehmen, egal ob unabhängig oder nicht, sollten Sie sich ruhig erst einmal alle Informationen mit nach Hause nehmen und diese in Ruhe durchgehen, bevor Sie Sparpläne oder andere Verträge abschließen.

Warum Psychologie im Aktienhandel eine große Rolle spielt

Einer der größten Gründe für das Scheitern am Aktienhandel ist der Einfluss der Psychologie. Kein Wunder also, dass direkt ein neuer Zweig der Psychologie gebildet wurde, der sich Börsenpsychologie nennt. Im Grunde genommen dreht es sich hier um die Gefühle und Ängste der Aktionäre und darum, wie diese sich verhalten. Denn der Kauf und Verkauf von Aktien hängt von zwei bedeutenden Faktoren ab: Der Angst und der Gier. Abhängig von diesen beiden Gefühlen sind natürlich die Risikofreudigkeit und somit die verschiedenen Verhaltensweisen und Entscheidungen, die an der Börse getroffen werden.

An der Börse geht es vorwiegend um die verschiedenen Emotionen, die beim Aktienhandel eine große Rolle spielen. Diese beeinflussen ebenfalls das Gefühl von Verlust und Gewinn oder können sogar Informationen verfälschen. Eine wichtige Emotion ist natürlich Angst, denn Verluste können natürlich jederzeit eintreten. Dadurch, dass die Börse dermaßen von Zufall geprägt ist, haben die meisten Anleger auch mit zweifelnden Gefühlen zu kämpfen. Zweifel und Unsicherheit führen dann in den meisten Fällen zu Ängsten und zu einem eher unangenehmeren Bild von der Börse. Andere Menschen haben dagegen eher mit Gier zu kämpfen und sind bereit, Risiken in Kauf zu nehmen, wenn dadurch größere Gewinne zu erwarten sind.

Die menschliche Psyche ist komplex und beim Kauf von Aktien spielt eine Mischung von verschiedensten Emotionen auf den Käufer eine Rolle. Alle genannten Emotionen führen oft dazu, dass der Anleger dazu verführt wird, unbedacht und unklug zu handeln. Es kann also durchaus sein, dass die Emotionen es verhindern, dass Gewinne eingefahren werden. Kein Wunder, denn Verluste können auch körperlich gefühlt werden! Ein kurzer Exkurs in die Psychologie ist an dieser Stelle also durchaus angebracht. Im Folgenden erhalten Sie mehrere kurze Fälle mit Erklärungen und Tipps, wie Sie in diesen Situationen vorteilhaft handeln können. Bestimmt finden Sie sich in einem Beispiel wieder!

DIE AKTIEN DIREKT NACH EINEM GEWINN VERKAUFEN

Viele Anleger freuen sich immens, wenn der Kurs für ihre gekauften Aktien steigt, und verkaufen die Aktien direkt, nachdem sie ihren ersten Gewinn erzielt haben. Dadurch, dass dies meist viel zu früh passiert, wird der Zeitpunkt des maximalen Gewinns, also das Kurshoch, verpasst. Diese Anleger erzielen somit wegen ihren Emotionen weniger Gewinn, als erwartet werden könnte.

Ein möglicher Grund ist die Zukunftsorientierung des Menschen. Die meisten Menschen freuen sich eher über schnelle Gewinne. Der Körper schüttet dann nämlich Glückshormone aus, die sich positiv auf den Körper auswirken – eine natürlich programmierte Belohnung! Dieses Belohnungssystem ist tückisch, denn Glückshormone machen tatsächlich süchtig. Der Mensch ist dann eher gewillt, schnelle Gewinne zu machen, da er so schneller und öfter diese Gefühle erleben kann.

Nur selten kommt es vor, dass Menschen dazu bereit sind, längerfristig zu investieren, um einen möglicherweise höheren Gewinn in der Zukunft zu erzielen. Problematisch ist hier allerdings auch der Zweifel, ob sich der Kurs auch tatsächlich in die richtige Richtung bewegt. Merkwürdigerweise finden die meisten Anleger es nicht so schlimm, wenn der Kurs nach dem Verkauf tatsächlich steigt. Gegensätzlich dazu wäre, wenn der Kurs sinkt und der Anleger Verluste macht. Diese Verluste werden von der menschlichen Psyche als kritisch bewertet und in einigen Fällen sieht der Anleger vor lauter negativen Emotionen nur noch den Gewinn, der ihm entgangen ist. Aus diesem Grund gehören die meisten Anleger an der Börse zu dem ersten Typen; nämlich der Gruppe von Menschen, deren Ziel eine häufige und schnelle Gewinnausschüttung ist.

Tipp: Sobald die ersten Gewinne ausgeschüttet werden, atmen Sie erst einmal tief durch und versuchen Sie den Kurs aus einer rationalen und objektiven Sicht zu betrachten. Dies funktioniert immer gut, wenn Sie sich mit Fakten und Zahlen umgeben. Die ausführliche Analyse von Graphen bietet ebenso wichtige Anhaltspunkte. Es ist auch immer zu empfehlen, den Kurs mit Freunden oder Bekannten zu betrachten, die sich mit Aktien auskennen, und so Einblicke zu erhalten, die nicht von Emotionen überschattet werden. Im letzten Schritt erfolgt dann die Entscheidung, ob die Aktien behalten oder doch verkauft werden sollten.

ANLEGER HÄNGEN AN SINKENDEN AKTIEN

Ein weiterer Fall ist, wenn der Aktienkurs sinkt. Der Anleger verspürt aber trotzdem positive Emotionen, nämlich in Form von Hoffnung. Er wartet also darauf, dass der Aktienkurs wieder steigt, auch wenn er sich nicht sicher ist, ob die Aktie jemals wieder profitabel für ihn sein wird.

Grund hierfür liegt am natürlichen Belohnungssystem. Denn der Körper schüttet nicht nur Glückshormone aus, sondern straft auch bei negativen Ereignissen. Forscher haben nämlich herausgefunden, dass der Verlust von Geld tatsächlich zu der Aktivierung von Arealen im Gehirn führt, die eigentlich für Schmerz- und Angstsituationen zuständig sind (Wellcome Trust, 2007). In anderen Worten reagiert der menschliche Körper bei Geldverlusten genauso, wie wenn er sich körperlich verletzen würde.

Die Anleger behalten daher ihre sinkenden Aktien, um dem körpereigenen Bestrafungssystem zu entgehen, auch wenn die Situation hoffnungslos ist.

Tipp: Führen Sie sich vor Augen, dass Sie mit dem Verkauf der Aktien womöglich in andere Aktien investieren können, um so den Verlust mit einem möglichen Gewinn zu verbinden. Es ist wichtig, dass Sie das körpereigene Bestrafungssystem überlisten und eventuell direkt mit einer Belohnung verbinden. Sie können gerne Tätigkeiten ausüben, die Endorphine, also Glückshormone ausschütten, wie beispielsweise das Treiben von Sport.

BEEINFLUSSUNG DER EINSCHÄTZUNG DURCH DEN KAUFKURS

Viele Anleger bestimmen den Zeitpunkt des Verkaufs der Aktien unterschiedlich, wenn sie die Aktien zu unterschiedlichen Zeitpunkten erworben haben. Zeitpunkt und Kursperioden sind hier entscheidende Faktoren, die dieses Handeln erklären könnten. Diese wirken sich nämlich auf die Einschätzung des Kurses aus. Es kann also sein, dass ein Anleger eine Aktie erwirbt und sich nach einigen Monaten über eine Wertsteigerung von 30 Prozent freut und mit dem Verkauf der Aktien reagiert. Ein anderer Anleger hat diese Aktie aber bereits vor Jahren gekauft und ist davon überzeugt, dass eine Steigerung von über 30 Prozent möglich sein kann. Ein Anleger, der schon nach einigen Tagen einen Gewinn von 30 Prozent erzielen kann, wird sich dann überlegen, ob dies erst der Start der Kurve ist und das Hoch noch zu erwarten ist – dieser wird ebenfalls die Aktie behalten.

Alle drei Fälle sind in Zusammenhang mit dem gleichen Unternehmen, doch alle drei haben andere Beweggründe für ihr Verhalten. Dies hängt damit zusammen, dass hier subjektiv und nach Bauchgefühl gehandelt wird. Sie können sich sicher vorstellen, dass Anlagenexperten ganz sicherlich nicht mit Bauchgefühl arbeiten und sich auf objektiven Fakten stützen werden.

Tipp: Rufen Sie den Kurs im Internet auf und betrachten Sie ihn dabei über mehrere Jahre. Es ist wichtig, die Kurse objektiv und unabhängig vom Einstiegszeitpunkt zu betrachten. Viele Broker sind deswegen so erfolgreich, weil sie es schaffen, eine objektive Sicht auf den Aktienkurs zu behalten.

Stellen Sie sich dabei die Fragen:

- Benötige ich einen längeren Verlauf des Kurses?
- Ist der Kursverlauf aussagekräftig?
- Gibt es Risiken, die ich nicht kenne?
- Kann ich eine Prognose treffen, wie hoch das Kurshoch sein wird und welche Ereignisse dieses Hoch beeinflussen?

DER GLAUBE, DASS ES EINEN OPTIMALEN EINSTIEGSZEITPUNKT GIBT

Der Grund, warum Anleger so gerne auf einen optimalen Einstieg warten, ist, dass sie so die Aktien mit möglichst wenig Geld erwerben können, um diese anschließend mit der maximalen Gewinnausschüttung, wenn der Kurs sein Hoch erreicht, wieder zu verkaufen. Hier ist die Gewinnspanne natürlich höher, als wenn der Anleger die Aktien vergleichsweise zu einem teuren Preis erwirbt. Diese Taktik ist an sich nicht verkehrt und kann zu sehr hohen Gewinnen und höherem Erfolg auf Aktienmärkten führen.

In der Praxis bleibt dies aber eine utopische Idee. Denn diese Market-Timing-Strategie ist fast unmöglich zu beherrschen und einzusetzen. Es können nicht einmal alteingesessene Profis von sich behaupten, dass sie den optimalen Einstieg erwischen.

Tipp: Peilen Sie den Cost-Average-Effekt an, indem Sie regelmäßig konstante Summen bei verschiedenen Kaufzeitpunkten investieren. So sind Sie in der Lage, konsequent Ihre Investition zu steigern und gleichzeitig das Risiko zu minimieren. Ein Pluspunkt ist, dass Sie hier nicht ewig auf einen optimalen Einstiegszeitpunkt warten und so unnötige Zeit verschwenden (Zeit ist Geld!).

DAS TUN, WAS ALLE ANDEREN AUCH TUN

Erinnern Sie sich noch an Pokemon Go? Zu dem Zeitpunkt hätte sich wahrscheinlich jeder gewünscht, eine Aktie von Nintendo zu besitzen, denn der Aktienkurs stieg enorm an. Doch der sogenannte Herdentrieb kann Aktienkurse erheblich beeinflussen und diese verändern. Im Allgemeinen kann beobachtet werden, dass massenartige Käufe von Aktien unklug sind, denn diese stehen im Gegensatz zum antizyklischen Verhalten. Dieses Verhalten beschreibt das Schwimmen gegen den Strom und weist an, die Aktien bei ruhigen Phasen zu kaufen und beim Erreichen des Kurshochs zu verkaufen. Das Herdenverhalten ist allerdings komplett anders, denn die große Masse fängt an, die Aktien zu erwerben, wenn das Kurshoch erreicht oder angenähert wird. Diese Anleger sorgen also lediglich dafür, dass die klugen frühen Investitionen der anderen Anleger vermehrt werden. Wer dem Strom folgt, wird wenig Gewinn erzielen. In schwerwiegenden Fällen macht er sogar Verluste.

Wer also kurz nach dem Launch von Pokemon Go in die Aktien von Nintendo investiert hat, hätte wahrscheinlich hohe Verluste gemacht. Im Gegensatz dazu hätten die Anleger, die die Nachrichten von Nintendo regelmäßig verfolgt haben und wissen, dass das Unternehmen demnächst ein neues Produkt einführt, hohe Gewinne gemacht.

Tipp: Behalten Sie den Kurs im Auge und investieren Sie frühzeitig. Eine gute Idee ist es immer, die Zeitungen im Blick zu behalten und Trends in der Wirtschaft oder Technologie zu betrachten. Besonders die mögliche Einführung von disruptiven Produkten sollten Sie gut im Auge behalten. Disruptive Produkte sind Produkte, die innovativ sind und den Ruin von anderen Produkten veranlassen könnten. Ein Beispiel für ein disruptives Produkt sind Smartphones, die alte Handys, Taschenrechner und mittlerweile sogar kleine Digital-Kameras vom Markt verdrängen.

DIE AKTIEN ALS GROSSE LIEBE

Dass wir Menschen Geld lieben, ist bestimmt jedermann bekannt. Viele Anleger haben es aber tatsächlich geschafft, eine emotionale Verbindung mit den Aktien einzugehen. Eventuell wurden mit den Aktien positive Emotionen verknüpft, beispielsweise durch regelmäßige Gewinnausschüttung und einen konstant guten Kurs. Wir erinnern uns, dass das körpereigene Belohnungssystem eine große Rolle spielt und sogar Suchtverhalten auslösen kann. Vielleicht ist der Anleger aber auch einfach emotional ans Unternehmen gebunden, wenn dieses Unternehmen Produkte herstellt, die der Anleger funktional oder auch einfach ethisch als sehr gut empfindet. Dieser Anleger ist dann darauf erpicht, dem Unternehmen seine Unterstützung zu demonstrieren.

Emotionale Verbundenheit kann aber vor allem an der Börse heimtückisch sein, denn so werden Aktien länger als nötig behalten, obwohl der Kurs eventuell sogar sinkt. Die Folge davon sind entgangene Gewinne oder sogar große Verluste.

Tipp: Die Aktienkurse können trotz der emotionalen Verbundenheit objektiv betrachtet werden. Das rationale Handeln können Sie fördern, indem Sie feste Ziele setzen, um die Aktien zu verkaufen. Setzen Sie sich klare Kennzahlen und halten Sie sich auch konsequent an den Kennzahlen fest, sollte es zu einem Sinken des Kurses kommen.

MENSCHEN KAUFEN IMMER BEI UNTERNEHMEN EIN, DIE SIE KENNEN

Im Verkauf ist es schon länger bekannt, dass persönliche Verbindun gen Verkäufe erheblich steigern können. Nicht umsonst ist Network-Marketing ein sehr erfolgreiches Business-Modell, denn hier wird mit persönlichen Connections gearbeitet. Auch an der Börse gilt das Sprichwort „Was der Bauer nicht kennt, das frisst er nicht“. Es konnte beobachtet werden, dass Aktionäre eher bereit sind, in Unternehmen zu investieren, die namhaft und bekannt sind, obwohl die Gewinnchancen vergleichsweise gering sind. Im Gegensatz dazu erfreuen sich ausländische Unternehmen, die wirtschaftlich stabil mit guter Aussicht auf hohe Gewinne und hohem Wachstum sind, wenig Beliebtheit. Rational gesehen ist es natürlich unklug, nur in Unternehmen zu investieren, die man kennt. Doch die menschliche Psyche ist darauf eingestellt, dass der Mensch eher dazu geneigt ist, Unsicherheiten zu vermeiden und in Bekanntes zu investieren. Das Gefühl der Sicherheit bei deutschen Unternehmen wird durch deutschsprachige Dokumentation und Berichte in den zentralen Medien deutlich gestärkt. Im Gegensatz dazu müssen sich Aktionäre, die in ausländische Unternehmen investieren, mit sprachlichen und kulturellen Unterschieden auseinandersetzen. Die Unsicherheit wächst, je fremder das Unternehmen ist.

Diversifikation kann allerdings nur erreicht werden, wenn in unterschiedliche Unternehmen investiert wird. Wer sich nur auf den deutschen Markt konzentriert, verpasst so Chancen und kann das Risiko nicht so gut aufteilen wie jemand, der in verschiedene Märkte investiert.

Tipp: Gehen Sie auf Entdeckungsreise und versuchen Sie ein Unternehmen zu finden, dessen Kursprognosen rosig sind. Schreiben Sie sich alle Fakten auf und versuchen Sie nachzuvollziehen, warum eben diese Aktien große Gewinne abwerfen könnten und was Sie verpassen könnten, wenn Sie auf die Investition zu verzichten. Wenn Sie sich die Mühe machen und die Fakten schwarz auf weiß aufs Papier bringen, wird es Ihnen leichter fallen, sich in fremdes Territorium zu wagen. Denn Sie haben schließlich herausgefunden, dass besagte Aktien hohe Gewinne versprechen können.

VIELE ANLEGER ÜBERSCHÄTZEN SICH

Auch wenn es viele Anleger gibt, die eher von Angst und Vorsicht geleitet werden, gibt es natürlich auch Anleger, die sehr risikofreudig sind und über ein großes Selbstbewusstsein verfügen. Diese sind davon überzeugt, dass sie gut mit Aktien umgehen können und über die Fähigkeiten verfügen, rentabel mit Aktien zu handeln. Nicht selten werden sie dann schnell des Besseren belehrt.

In der Psychologie wird diese Charaktereigenschaft als over-confident, also überselbstbewusst beschrieben. Besonders in schwierig zu bewältigenden Situationen wie beispielsweise Finanzkrisen werden regelmäßig die eigenen Fähigkeiten überschätzt und so hohe Verluste eingefahren.

Tipp: Setzen Sie sich eine Grenze für Kursschwankungen und handeln Sie dann rechtzeitig. Versuchen Sie Verluste durch objektive Ziele zu minimieren und bleiben Sie realistisch. Wenn Sie der überselbstbewusste Typ sind, können Sie auch Ihren Handel dokumentieren und Ihre Entscheidungen im Nachhinein analysieren, um zu erkennen, an welchem Punkt Sie falsche Entscheidungen getroffen haben und in welchen Punkten Sie sich verbessern könnten. Außerdem haben Sie natürlich immer die Möglichkeit, sich mit Freunden oder Bekannten auszutauschen.

ALLE MENSCHEN LIEBEN POSITIVE STATEMENTS

Dadurch, dass die Nachrichten mit negativen Berichten gefüllt sind und somit im Mittelpunkt stehen, haben positive Nachrichten eine verstärkte Wirkung und dienen so als Amplifier für das Statement. Positive Nachrichten werden daher so stark wahrgenommen, dass das Kurswachstum in den Augen der Anleger verstärkt wird und diese somit noch optimistischer gestimmt sind. Die Anleger laufen somit Gefahr, sich selbst zu überschätzen.

Meistens steigt der Kurs aber nicht so an, wie die Anleger es sich ausgemalt haben. Die Gefahr liegt dann darin, dass die Anleger enttäuscht sind und die Aktien eventuell zu lange behalten, um doch noch eine mögliche Kurssteigerung abzuwarten. Wir können also zusammenfassen, dass positive Nachrichten zu unrealistischen und zu optimistischen Kurserwartungen führen können.

Tipp: Es hilft immer ungemein, den kompletten Kursverlauf über einen längeren Zeitraum zu beobachten. Indem Sie den Kursverlauf aus der Ferne beobachten, wird es Ihnen leichter fallen, objektiv über die Prognose nachzudenken und rationaler zu handeln. Ferner können Sie die positiven Prognosen selbstständig entschärfen.

VIELE ANLEGER DENKEN VIEL ZU KURZFRISTIG

Insbesondere an der Börse ist es nicht empfehlenswert, zu kurzfristig zu denken. Leider beobachtet der gemeine Anleger lediglich den Kursverlauf der letzten Monate. In der Regel reichen ihm drei Monate, um eine grobe Aussage zur Kursprognose machen zu können und entsprechend zu handeln. Dies liegt daran, dass die meisten Menschen sich gerne an der Gegenwart orientieren. Nur wenige orientieren sich auch an der Vergangenheit. Doch diese ist am Aktienmarkt unentbehrlich.

Die richtigen Profis betrachten den Kursverlauf von mindestens fünf Jahren. Wenn es in der Vergangenheit Krisenfälle gegeben hat, werden auch Verläufe der letzten zwanzig Jahre in Beobachtung genommen. Wichtig dabei ist, dass die Graphen eine hohe Aussagekraft haben und keine Informationen „verheimlichen". Wenn Sie sich nur den Kursverlauf von drei Monaten ansehen, verpassen Sie eventuell wichtige Zeitpunkte, die sich eventuell auf den weiteren Kursverlauf auswirken können.

Tipp: Nehmen Sie sich genug Zeit, um die Kursverläufe genau zu analysieren und stellen Sie sich die folgenden Fragen:

- Sind die Graphen vollständig?

- Sind die Graphen aussagekräftig?
- Gab es extreme Abweichungen in der Darstellung? Wenn ja, woran kann das gelegen haben?
- Ist es nötig, einen größeren Zeitraum zu betrachten?
- Welche Informationen könnte ich noch erhalten?

Es geht nicht darum, möglichst vorsichtig zu sein, sondern strategisch und analytisch vorzugehen, um den größtmöglichen Gewinn zu erwirtschaften.

NUR AM GEWINN INTERESSIERT SEIN

Natürlich sind Sie am Gewinn interessiert, sonst würden Sie sich gar nicht für Aktien interessieren, geschweige denn ein ganzes Buch zu dem Thema kaufen und lesen. Doch einer der größten Fehler von Anlegern ist es, auf Gewinne fixiert zu sein. Hier spielt erneut das körpereigene Belohnungssystem mit den begehrten Glückshormonen eine Rolle. Aber auch im sozialen Leben werden Gewinne gerne offen zugegeben, aber Verluste eher verschwiegen. Schließlich möchte man nicht zugeben, dass man eventuell eine schlechte Investition getätigt hat. In der Gesellschaft ist man häufig gezwungen, erfolgreich zu sein. Für Anleger bedeutet dies, dass diese oftmals Aktien auswählen, die einen hohen Gewinn ausschütten könnten. Das Risiko ist dann eher zweitrangig.

Unter Profis ist aber das Risiko der wichtigste Faktor. Es gilt hier beispielsweise durch Diversifikation mögliche Risiken so gut wie möglich zu begrenzen. Die Rendite ist für Profis wichtig, aber erst nachdem der Aspekt des Risikos betrachtet wurde.

Tipp: Sie können auch Gewinn erzielen, wenn Sie vorsichtiger mit Ihren Investitionen umgehen. Das große A und O ist dabei immer eine gut ausgeführte Recherche, eine ausführliche Analyse und die Anwendung von risikobegrenzenden Strategien wie beispielsweise durch Diversifikation. Nach der Analyse können Sie sich dann für die Aktien entscheiden, die unter Betrachtung des Risikofaktors vergleichsweise hohe Gewinne einbringen. Vertrauen Sie den Profis!

Generell kann beobachtet werden, dass die Effekte in der Börsenpsychologie den Anleger daran hindern, Entscheidungen auf der rationalen Ebene anzustreben. Dem erfahrenen Anleger ist natürlich bewusst, wie wichtig gerade an der Börse rationale und analytische Entscheidungen sind. Für Privatanleger, die erst seit einigen Monaten an der Börse den Handel mit Aktien betreiben, kann dies schwierig nachzuvollziehen sein. Es ist daher wichtig, dass Sie mit dem Wissen über die Börsenpsychologie Ihren Aktienhandel betreiben. Sie sollen verstehen, dass Fehlwahrnehmungen und Verzerrung die eigene Entscheidung im Regelfall negativ beeinflussen und dass Ihre eigene Psyche Sie von Ihrem Erfolg abhält.

Vielleicht erkennen Sie sich sogar in den einzelnen Fällen wieder und haben jetzt handfeste Tipps, mit denen Sie arbeiten können. Im Zweifelsfall hilft es immer, durchzuatmen, sich nicht zu sehr zu fokussieren und den Sachverhalt aus einer anderen Perspektive zu betrachten. Auch die Zuhilfenahme von objektiven Kennzahlen wird Ihnen das objektive Entscheiden erleichtern. Durch das Einführen von Kennzahlen in Ihre Strategie können Sie so objektiv handeln und sind nicht an Ihre Emotionen gebunden.

Schlusswort

Wie Sie sehen, ist die Anlage an der Börse gar nicht so schlecht, wie sie im Volksmund verrufen wird. Klar ist, dass eine Anlage Ihres Geldes in Tagesgeld sich in den letzten 10 Jahren praktisch nicht rentiert hat und dies wohl auch in den nächsten Jahren nicht tun wird. Allenfalls, um kurzfristig Geld zu parken. Eine höhere Rendite können Sie nur an der Börse langfristig oder mit riskanteren Anlagen erzielen.

Mit den Informationen aus diesem Buch haben Sie nun eine solide Basis, um Ihr Wissen zu erweitern oder um sich die für Sie geeigneten Finanzprodukte auszusuchen und an der Börse genau diese Rendite zu erzielen. Sofern Sie dabei zumindest einige der Grundregeln aus diesem Buch beachten, sollte Ihre Anlage im Normalfall nicht im Bankrott enden. Behalten Sie im Kopf, sich zunächst genaue Gedanken über das zu machen, was Sie mit Ihrer Anlage erreichen wollen, gehen Sie Ihre vorhandenen Finanzen durch, diversifizieren Sie Ihr Depot, investieren Sie nie Geld, welches Sie für andere Dinge benötigen oder nehmen gar einen Kredit auf, um Geld anzulegen.

Und behalten Sie einen klaren Kopf. Wenn Sie die Börse zu sehr stresst, ist dies vielleicht ein Zeichen dafür, dass Sie die falschen Produkte gekauft haben. Schalten Sie in der Renditeerwartung einen Gang zurück. Denn wenn es auch nur einige Prozente pro Jahr sind, halten Sie damit immerhin die Inflation Ihres Geldes auf.

Notizen

Gerade als Einsteiger verliert man bei so einer Informationsflut schnell den Überblick. Doch meistens hat man keinen Block oder Zettel dabei, um sich etwas zu notieren. Ist man zuhause, hat man es oft schon wieder vergessen. Deswegen sehe ich es als sehr sinnvoll an, Ihnen ein paar Notiz-Seiten bereitzustellen. So werden Sie nichts mehr vergessen:

AKTIE	EINSTIEGSZEIT (DATUM UND UHRZEIT)	AUSSTIEGSZEIT (DATUM UND UHRZEIT)	KURSLEVEL (EINSTIEG)	KURSLEVEL (AUSSTIEG)	ANGEWENDETE STRATEGIE	KOMMENTARE

PLATZ FÜR NOTIZEN:

AKTIE	EINSTIEGSZEIT (DATUM UND UHRZEIT)	AUSSTIEGSZEIT (DATUM UND UHRZEIT)	KURSLEVEL (EINSTIEG)	KURSLEVEL (AUSSTIEG)	ANGEWENDETE STRATEGIE	KOMMENTARE

PLATZ FÜR NOTIZEN:

AKTIE	EINSTIEGSZEIT (DATUM UND UHRZEIT)	AUSSTIEGSZEIT (DATUM UND UHRZEIT)	KURSLEVEL (EINSTIEG)	KURSLEVEL (AUSSTIEG)	ANGEWENDETE STRATEGIE	KOMMENTARE

PLATZ FÜR NOTIZEN:

Quellen

Bortenlänger, C. Kirstein, U., Aktien für Dummies, WILEY-VCH Verlag GmbH & Co. KGaA, Weinheim, 2014
Rasch, M., Die geheime Kunst der Börsenanalyse, Verlag Neue Züricher Zeitung, Zürich, 2014
Schwarzhaupt, A., Grundkurs technische Analyse, FinanzBuch Verlag, 2000
www.bafin.de, Bundesanstalt für Finanzdienstleistungsaufsicht, 2019
www.godmode-trader.de, Börse Go AG, 2019
www.finanzen.net, Axel Springer SE, 2019
www.finanztreff.de, finanztreff GmbH, 2019
Wellcome Trust. "Why Losing Money May Be More Painful Than You Think." ScienceDaily. ScienceDaily, 2 May 2007 .
www.sciencedaily.com/releases/2007/05/070502072658.htm.

Möchten Sie mehr über mich und meine weiteren Bücher erfahren? Dann besuchen Sie mich gerne auf meiner Autorenseite unter "**William Lakefield**" bei Amazon.

Wir danken Ihnen für Ihr Interesse und Ihr Vertrauen. Als Dankeschön dafür, haben wir eine besondere Überraschung. Wir haben einen **ultimativen Leitfaden für Einsteiger ins Aktien- und Börsengeschäft** für Sie. Und dieses erhalten Sie vollkommen kostenlos. Das klingt wunderbar? Dann warten Sie nicht lange und holen Sie sich Ihr Gratis-Geschenk.

Hier geht es zu Ihrem Gratis-Geschenk:

https://forms.gle/gduy3doWN5ejuaub9

1. **Öffnen Sie die Kamera-App auf Ihrem Smartphone und richten Sie die Kamera auf den QR-Code.**
2. **Klicken Sie auf den Link, der Ihnen angezeigt wird und schon werden Sie zur Website weitergeleitet.**

Impressum

Verlag: Orbita Media Verlag GmbH & Co. KG / Ericusspitze 4 / 20457 Hamburg / Deutschland
Website: https://orbita-media.de
Cover Image: Shutterstock
ISBN: 9783989358867

Haftungsausschluss:
Die Nutzung dieses Buches und die Umsetzung der enthaltenen Informationen, Anleitungen und Strategien erfolgt auf eigenes Risiko. Der Autor kann für etwaige Schäden jeglicher Art aus keinem Rechtsgrund eine Haftung übernehmen. Haftungsansprüche gegen den Autor für Schäden materieller oder ideeller Art, die durch die Nutzung oder Nichtnutzung der Informationen bzw. durch die Nutzung fehlerhafter und/oder unvollständiger Informationen verursacht wurden, sind grundsätzlich ausgeschlossen. Rechts- und Schadenersatzansprüche sind daher ausgeschlossen. Dieses Werk wurde sorgfältig erarbeitet und niedergeschrieben. Der Autor übernimmt jedoch keinerlei Gewähr für die Aktualität, Vollständigkeit und Qualität der Informationen. Druckfehler und Falschinformationen können nicht vollständig ausgeschlossen werden. Es kann keine juristische Verantwortung sowie Haftung in irgendeiner Form für fehlerhafte Angaben vom Autor übernommen werden.

Die bereitgestellten Analysen, Vorschläge, Ideen, Meinungen, Kommentare und Texte sind ausschließlich zur Information bestimmt und können ein individuelles Beratungsgespräch nicht ersetzen. Alle Informationen dieses Buches entsprechen dem Kenntnisstand zum Zeitpunkt des Verfassens dieses Buches. Eine Haftung für mittelbare und unmittelbare Folgen aus den Informationen dieses Buches ist somit ausgeschlossen. Informieren Sie sich weitläufig aus unterschiedlichen Quellen und bedenken Sie, dass am Ende nur Sie für die Entscheidungen verantwortlich sind.

Haftung für externe Links
Unser Angebot enthält Links zu externen Websites Dritter, auf deren Inhalte wir keinen Einfluss haben. Deshalb können wir für diese fremden Inhalte auch keine Gewähr übernehmen. Für die Inhalte der verlinkten Seiten ist stets der jeweilige Anbieter oder Betreiber der Seiten verantwortlich. Die verlinkten Seiten wurden zum Zeitpunkt der Verlinkung auf mögliche Rechtsverstöße überprüft. Rechtswidrige Inhalte waren zum Zeitpunkt der Verlinkung nicht erkennbar.

www.ingramcontent.com/pod-product-compliance
Lightning Source LLC
La Vergne TN
LVHW010828051026
849532LV00007B/2644